Oraciones de serenidad para el alma de la mujer

TÚ eres la razón de nuestra labor aquí en Barbour Español. Prometemos que siempre usaremos los talentos que Dios nos ha dado para producir contenido pensando en ti, y que permaneceremos fieles a la Biblia, sin importar las circunstancias.

Gracias por ser el corazón de nuestro trabajo.

ISBN 979-8-89151-280-1

Título en inglés: *Serenity Prayers for a Woman's Soul*

Desarrollo editorial: Semantics, Inc. Semantics01@comcast.net.

Publicado por Barbour Español, un sello de Barbour Publishing, Inc., 1810 Barbour Drive, Uhrichsville, Ohio 44683, www.barbourbooks.com.

Nuestra misión es inspirar al mundo con el mensaje transformador de la Biblia.

Impreso en China

EMILY BIGGERS

Oraciones de serenidad para el alma de la mujer

BARBOUR
ESPAÑOL
Un Sello de Barbour Publishing

Contenido

Introducción

«Dios, concédeme serenidad en mis relaciones, mi trabajo, mi iglesia... ¡mi vida!».

Oraciones de serenidad para el alma de la mujer te ayudará a traer a cada área de tu vida la refrescante serenidad que solo llega mediante una íntima relación con el Padre celestial. Cada oración te guiará con delicadeza hacia una conversación honesta, significativa y con propósito con tu Creador; y los textos bíblicos que las acompañan te animarán a meditar y reflexionar sobre la Palabra de Dios mientras sosiegas tu corazón antes de entrar en su presencia esperando en paz. Sigue leyendo y descubre el consuelo, la sanidad y la calma que ansía tu alma.

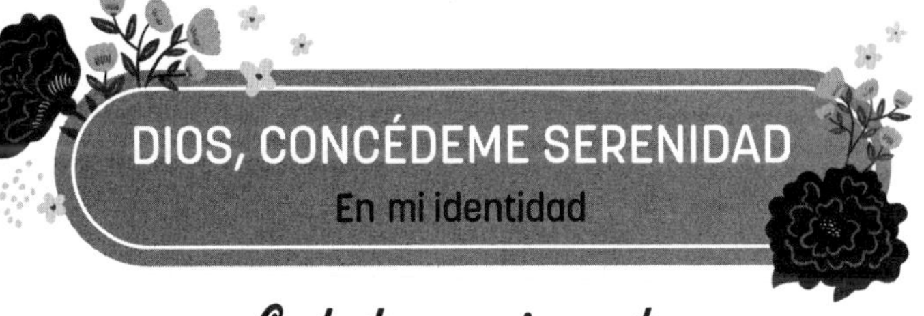

Contenta con mi aspecto

En todo caso, por mucho que uno se preocupe, ¿cómo podrá prolongar su vida ni siquiera una hora? ¿Y por qué se preocupan ustedes por la ropa? Fíjense cómo crecen los lirios del campo: no trabajan ni hilan. Sin embargo, les digo que ni siquiera el rey Salomón, con todo su lujo, se vestía como uno de ellos.

Mateo 6.27-29 dhh

Dios, hay un gran orden y creatividad en todo lo que Tú has hecho. Qué belleza. Qué precisión. Qué previsión. Es imposible que este mundo haya aparecido así como así. Fue diseñado por Ti, Dios soberano. Tú eres bueno. Creaste los árboles en todo su esplendor, los poderosos océanos con su blanca espuma y la inmensa variedad de la fauna. ¿Cómo podría ignorar el hecho de que a mí también me creaste con esa belleza? Mi cabello y mis ojos, ese pequeño hoyuelo, mi sonrisa... incluso las partes de mí que no me gustan tanto, como las pecas y los kilos de más. Tú me hiciste quien soy, Padre. Soy creación tuya. No quiero perder el tiempo quejándome de mi aspecto. No quiero intentar mejorar lo que Tú hiciste. Sí, es divertido experimentar con el maquillaje y la moda, pero quiero estar totalmente satisfecha con mi apariencia para poder centrarme en cosas de mayor importancia, como construir tu reino. En el nombre de Jesús, amén.

Una obra maestra creada por Dios

¡Gracias por hacerme tan maravillosamente complejo!
Tu fino trabajo es maravilloso, lo sé muy bien.

SALMOS 139.14 NTV

Padre celestial, gracias por hacerme exactamente como soy. Tú me creaste y me tejiste en el vientre de mi madre. Me conoces por dentro y por fuera. A menudo desearía no ser tan complicada. A veces hieren mis sentimientos con demasiada facilidad… y siento que no tengo suficiente talento para muchas cosas. Pero entonces recuerdo que si me critico a mí misma, en realidad te estoy insultando. Tú me creaste, y al hacerlo creaste una obra de arte. La humanidad es tu más grande creación, Padre. Podemos relacionarnos contigo como nuestro Dios. Ayúdame a encontrar la paz con mi identidad en Ti. Aunque necesite ganar o perder algo de peso… o ponerme más en forma, ayúdame a aceptar mi tipo de cuerpo y a alabarte por ello. Muestra tu fuerza en las áreas en las que sé que soy débil. Esto dirigirá aún más claramente mi mirada hacia Ti, Señor. Si pudiera hacerlo todo sola, no te necesitaría como mi Dios soberano. Te amo, Señor; y te doy gracias por hacerme ser yo. En el nombre de Jesús, amén.

Una hija del Rey

Mas a cuantos lo recibieron, a los que creen en su nombre,
les dio el derecho de ser hechos hijos de Dios.

JUAN 1.12

Padre celestial, gracias por adoptarme en tu familia. Gracias porque soy verdaderamente hija del Rey de reyes. Me llamas tu heredera, tu niña, tu hija amada. Caminaré contigo todos los días de mi vida. No deseo que se me conozca por mi carrera o mi riqueza. No deseo ser famosa, ni fuerte, ni siquiera popular. Quiero que se me conozca por lo que realmente soy: una creyente en Cristo, discípula, seguidora y sierva tuya. Que pueda entregarme por completo a Ti. No quiero ser tibia en mi fe, porque Tú nos dices en tu Palabra que los cristianos tibios no te agradan. Padre, sería mejor para mí no creer en nada que ser una creyente a medias. Como hija tuya, ayúdame a andar por caminos de paz. Hazme paciente y bondadosa. Te ruego que me ayudes a identificar a otros que necesitan conocerte. Quiero que todas las personas con las que me relaciono sepan lo que significa ser hija de Dios. En el nombre de Jesús, amén.

Mis intenciones

Al hombre le parece bien todo lo que hace,
pero el Señor es quien juzga las intenciones.

PROVERBIOS 21.2 DHH

Dios, Tú ves mi corazón. Ves más que las apariencias; ves las intenciones. Eres soberano... Lo ves todo y lo sabes todo. No puedo ocultarte mis motivos. Ayúdame a ser fiel a quien digo que soy en Cristo. Que mis motivos y deseos reflejen quién eres Tú. Igual que un hijo se parece a su padre biológico, yo quiero parecerme a Ti. Cuando otros me miran, quiero que vean un corazón que persigue apasionadamente a Cristo. Quiero que se me conozca por ser seguidora de Cristo. Inspecciona mi corazón, Dios. Te doy toda libertad para ello. Entra en esos lugares privados de mi mente que nadie más ve. Examíname y pruébame. Mira si hay en mí algún mal camino, aunque sea el menor engaño o maldad, y arráncalo de raíz. No quiero saber nada de eso. Incluso si creo que estoy haciendo lo correcto, Padre, por favor corrígeme y señala mi pensamiento equivocado. Te amo, Señor, y deseo fervientemente parecerme a Ti para que no haya duda de que soy hija del Rey. Te lo pido en el nombre de Jesús, amén.

Una nueva creación

Por lo tanto, si alguno está en Cristo, es una nueva creación. ¡Lo viejo ha pasado, ha llegado ya lo nuevo!

2 Corintios 5.17

Padre celestial, te doy gracias por la paz que encuentro al saber que ¡soy una nueva creación en Jesucristo! Su muerte en la cruz y mi fe en Él me han hecho una persona nueva con un corazón que ha sido limpiado de toda maldad. Aunque sigo pecando y a veces cometo errores terribles, Tú siempre estás dispuesto a perdonar. Cuando me miras, me ves a través de la «lente de Jesús», como justa y redimida. No me ves como una pecadora sin esperanza, sino como una hija del Rey. Mi identidad no depende de este mundo, ni de mis logros, ni siquiera de lo que los demás piensen de mí. Tú eres mi público. Quiero vivir hoy como un ser nuevo, que ha pasado de la muerte a la vida por medio de la salvación proporcionada por la sangre de mi Salvador. Camina conmigo este día, te lo ruego. Ayúdame a agradarte y honrarte en todo lo que hago y digo. Recuérdame que, cuando me sienta derrotada, soy más que suficiente ante tus ojos por Aquel que dio todo de Sí para que yo pudiera ser hallada sin pecado y sin culpa ante Ti. Te lo pido en el nombre de Jesús, amén.

De la muerte a la vida

Por tanto, mediante el bautismo fuimos sepultados con él en su muerte, a fin de que, así como Cristo resucitó por el poder del Padre, también nosotros llevemos una vida nueva.

Romanos 6.4

Dios, me asombra que me hayas elegido como tuya. He sido sepultada con Cristo en el bautismo y resucitada para caminar en una nueva vida. Al igual que Nicodemo se preguntaba cómo podía un hombre o una mujer nacer de nuevo, muchos están confundidos acerca de este milagroso don de la salvación. No entienden que nacer de nuevo no es entrar de nuevo en el vientre de su madre. Ciertamente, un nuevo nacimiento terrenal no es posible. Pero nuestro nuevo «nacimiento» espiritual es mucho más grandioso que el primero. Nacer físicamente es un regalo, pero nacer de nuevo espiritualmente es mucho mayor. Nunca tendré que volver a recordar mi antigua vida. Soy una nueva creación en Jesús, y puedo caminar y hablar con Él como mi Salvador y amigo. Así como Jesús murió, así mi vieja vida ha pasado. Así como Él resucitó a los tres días, yo he resucitado como su discípula. Gracias por la nueva vida. Gracias por salvarme. Te lo pido en el nombre de Jesús, amén.

Liberada

Por lo tanto, ya no hay ninguna condenación para los que están unidos a Cristo Jesús, pues por medio de él la ley del Espíritu de vida me ha liberado de la ley del pecado y de la muerte.

Romanos 8.1-2

Amado Padre, imagino a los esclavos que fueron liberados después de la Guerra Civil. ¡Qué extraño debió de ser en un minuto prisionero de un amo y al siguiente libre como ser humano independiente! He experimentado una liberación similar a través de Cristo. Una vez estuve atada por el pecado y la oscuridad. Mi alma estaba destinada al infierno. No había forma de que pudiera presentarme ante Ti en toda tu santidad. Estaba manchada de un pecado tan profundo y oscuro que no había ninguna posibilidad para mí. Pero cuando invité a Jesús a entrar en mi corazón, fui liberada. Todos mis pecados fueron perdonados y, en un instante, pasé de la muerte a la vida... del pecado a la salvación. Mi eternidad se alteró. Una vida gozosamente abundante sustituyó mi vida de tristeza. Al igual que un esclavo liberado puede elevarse un poco más, yo puedo avanzar con confianza en la libertad. Estoy liberada de la ley del pecado y de la muerte. Me niego a desperdiciar mi libertad, Señor. Me dedico a tu servicio todos los días de mi vida. Dirígeme y guíame, te lo ruego. En el nombre de tu precioso Hijo, Jesús, te lo ruego, amén.

De la oscuridad a la luz

En el viaje, sucedió que, al acercarse a Damasco, una luz del cielo relampagueó de repente a su alrededor.

Hechos 9.3

Dios, la historia de la conversión de Saulo siempre me inspira. Saulo era un perseguidor de cristianos. Estaba más lejos de Ti de lo que cualquiera podría imaginar. Sin embargo, Tú lo elegiste. Hiciste descender del cielo una luz brillante y te apareciste a él en el camino de Damasco. En ese momento, la identidad de Saulo cambió drásticamente. Creyó en Ti, y su vida nunca volvió a ser la misma. Saulo se convirtió en Pablo, el gran apóstol del Señor Jesucristo. Pasó de asesino a mensajero en un instante. Dejó las armas por la Palabra de Dios; dejó de matar y empezó a evangelizar. Oro para que otros puedan ver una diferencia en mí, como otros vieron un cambio en Saulo. Quiero que se me identifique como alguien que camina cerca de Ti, Señor. Quiero se me conozca como una discípula audaz de Cristo. Dame fuerzas todos los días de mi vida para vivir por Ti. Puede que no haya visto una luz brillante, pero he llegado a conocer a Jesús y quiero brillar para Él en todo lo que hago y digo. Te lo pido en su nombre, amén.

Vivir libre

Sabemos que nuestra vieja naturaleza fue crucificada con él para que nuestro cuerpo pecaminoso perdiera su poder, de modo que ya no siguiéramos siendo esclavos del pecado.

Romanos 6.6

Dios, lo viejo se ha ido; lo nuevo ha llegado. Ya no soy esclava del pecado, sino que he sido liberada. Ayúdame a vivir como alguien libre. Igual que un perro que ha sido adiestrado para dormir en una jaula volverá a ella noche tras noche —aunque la jaula no esté cerrada con llave una vez que entra—, yo tiendo a vagar de vuelta a mi cautiverio. Recuerdo lo que era ser esclava del pecado. No pude evitarlo, literalmente. Pero entonces Tú entraste en mi corazón y todo cambió. Mi antiguo yo ya no está vivo, así que no necesito volver a errar en la esclavitud. Soy libre y viviré como tal. Cristo en mí. Emmanuel. Dios con nosotros. Recuérdame, en cada momento de cada día, la nueva identidad con la que me has bendecido, Padre. Ayúdame a centrarme en Cristo y a no mirar atrás. ¡No hay necesidad de actuar como una esclava cuando has sido liberada! En el nombre de Jesús, amén.

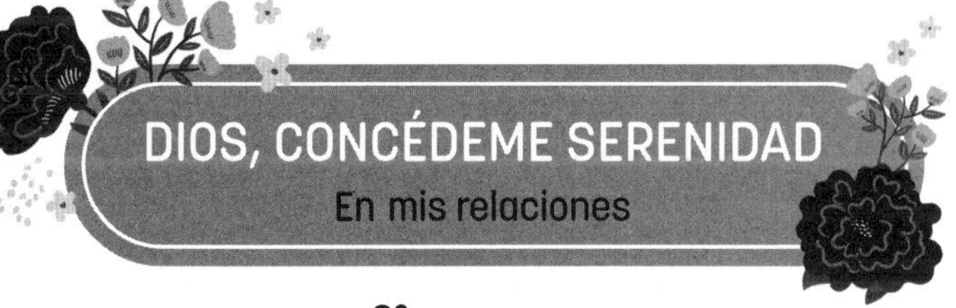

Vivir en paz

Si es posible, y en cuanto dependa de ustedes, vivan en paz con todos.

Romanos 12.18

Padre celestial, creo que la incapacidad de vivir en paz con los demás se debe al egoísmo. A veces me meto tanto en mí misma que soy incapaz de ver el panorama general. Solo porque alguien me haga daño, no tengo por qué reaccionar con ira o represalia. El hecho de que no esté de acuerdo no significa que tenga que discutir o derribar a otra persona para promover mi opinión. Aunque yo tenga razón, no tengo por qué imponer mis ideas a los demás. Hay un camino mejor. Es el camino que Jesús nos mostró cuando anduvo sobre la tierra. Vino como un líder servidor. Amó a todas las personas y caminó humildemente y en la voluntad de Dios. Fue para mí un modelo de lo que significa vivir en paz con la gente. Sé que habrá momentos en los que seré llamada a defenderte con valentía. Puedo ofender a otros con mi mensaje o con la postura que adopto. Pero cuando sea posible, por favor, dame la humildad y la gracia que necesito para vivir en paz con los que me rodean. Te lo pido en el nombre de Jesús, amén.

Ámense los unos a los otros

Este mandamiento nuevo les doy: que se amen los unos a los otros. Así como yo los he amado, también ustedes deben amarse los unos a los otros. De este modo todos sabrán que son mis discípulos, si se aman los unos a los otros.

JUAN 13.34-35

Dios de amor, vengo ante Ti ahora, y me siento avergonzada. Lamento que muchas veces mis palabras no sean dichas con amor. Mis acciones tampoco son siempre un reflejo del amor. Mi corazón, a veces está lleno de ira o disgusto y tan saturado con estas emociones que no queda espacio para el amor. Ayúdame a ver a mi familia con tus ojos, Padre. Ayúdame a ver a mis compañeros y amigos a través de tu lente de amor. Así como Tú me has prodigado amor, que yo también ame a los demás. Quiero que me conozcan como hija de Dios. Quiero que mi forma de vivir, respirar, actuar y servir refleje tu gran amor por el mundo. Mientras busco vivir en paz con los demás, ¿me ayudarás a amarlos como es debido? Dame oportunidades de mostrar tu amor a quienes más lo necesitan. En el nombre de tu Hijo, en el nombre de Aquel que nos amó lo suficiente como para dar su vida, te lo ruego, amén.

Tener una sola mente

En fin, hermanos, alégrense, busquen su restauración, hagan caso de mi exhortación, sean de un mismo sentir, vivan en paz. Y el Dios de amor y de paz estará con ustedes.

2 Corintios 13.11

Padre, anhelo serenidad en mis relaciones. Quiero tener afinidad con la gente de mis círculos más cercanos. Incluso entre mis hermanos y hermanas cristianos hay mucha desunión. Lo oigo en la forma en que a veces chismorreamos o nos criticamos unos a otros con comentarios sarcásticos. Ciertamente hay cosas en las que no estamos de acuerdo dentro de la iglesia, pero estamos llamados a animarnos unos a otros. ¡Eso es tan difícil cuando buscamos culpables! Antes de buscar la paja en el ojo de mi hermano o hermana, ¡permíteme ver la viga en el mío, Padre! Que haya una restauración de la relación en los puntos rotos que Tú encuentres en mi vida. Ayúdame a ser una pacificadora, no una agitadora. Dame oportunidades de brillar para Ti, y ayúdame a que se me vea como alguien que vive en paz con los demás. Sustituye mis ojos críticos y mi lengua con la visión y las palabras directas de tu santo corazón. Te lo pido en el nombre de Jesús, amén.

Reflejar la luz de Dios

Nadie ha visto jamás a Dios, pero si nos amamos los unos a los otros, Dios permanece entre nosotros, y entre nosotros su amor se ha manifestado plenamente.

1 Juan 4.12

Santo Dios, nadie te ha visto jamás. Eres demasiado santo para que te miremos. Sin embargo, te he visto en otros. Te he visto en los maestros de mi iglesia que dan de sí mismos incansablemente, sirviendo y difundiendo tu Palabra a todos los que escuchan. Te he visto en familiares y amigos cuyos corazones reflejan compasión. Extienden la mano en lugar de centrarse en sí mismos. Reflejan tu luz en un mundo oscuro. Padre, te ruego que otros vean esa misma luz en mí. Cuando trabajo y juego con amigos y familiares, oro para que mi amor por ellos sea evidente. Oro para que mis palabras y mis acciones demuestren que Jesucristo se ha instalado en mi corazón y que vivo verdaderamente para Él. Quiero señalar a otros hacia Ti todos mis días, Padre. Enséñame a amar como Tú amas. En el nombre de Jesús pido estas cosas, amén.

Relación con mis padres

Honra a tu padre y a tu madre, para que disfrutes de una larga vida en la tierra que te da el SEÑOR tu Dios.

ÉXODO 20.12

Dios, ayúdame a honrar a mis padres. Muéstrame lo que significa honrarlos, ahora que soy una mujer adulta y ellos se están haciendo mayores. Quiero honrarlos de una manera que te agrade, pero a veces surgen conflictos en nuestra relación. Me resulta difícil equilibrar todas las funciones que tengo ahora. Mi relación con mi madre y mi padre era mucho más sencilla cuando era niña. Debía obedecerles y punto. Ahora las cosas son diferentes: no siempre tomo las decisiones que ellos elegirían para mí, y sin embargo quiero honrarles. Enséñame a escuchar sin dejarme llevar por la molestia que sienta. Enséñame a tratar a mis padres con respeto, pase lo que pase. Son una bendición para mí, elegidos por Ti para ser de las personas más cercanas en mi vida. Los amo, Padre, y quiero honrarte en la forma en que me relaciono con ellos. Que sea una relación de paz para todos. En el nombre de Jesús te lo pido, amén.

Generosidad en las relaciones

El que es generoso prospera;
el que reanima será reanimado.

Proverbios 11.25

Padre celestial, muéstrame maneras en las que puedo ser más generosa en mis relaciones. Quiero ser una persona segura para los más cercanos en mi vida. Quiero ofrecer un oído atento y un hombro sobre el que llorar cuando sea necesario. He sido bendecida con muchos recursos; ayúdame a dar generosamente cuando otros lo necesiten. Sé que, a veces, estoy demasiado centrada en mis propios problemas. ¡Comparto mi última queja o preocupación con quien quiera escucharme! Calma mi espíritu, Señor, y ayúdame a ver —a ver de verdad— las necesidades de los que me rodean. Experimento una renovación única en presencia de ciertos amigos. Literalmente, después de un tiempo con ellos me siento como si hubiera estado en presencia de Jesús. Dame ese tipo de espíritu generoso y amoroso para que pueda estar en paz en todas mis relaciones. Más aún, te pido que yo sea una bendición para todos aquellos con los que entre en contacto. Te lo pido en el nombre de Jesús, amén.

Ser digna de confianza

La gente chismosa revela los secretos;
la gente confiable es discreta.

PROVERBIOS 11.13

Dios, sé que ser considerada digna de confianza es de extrema importancia. Pienso en los grandes hombres y mujeres de la Biblia que eran rectos y de buen carácter. No iban por ahí cotilleando sobre los demás. Estaban ocupados en tu obra, y te buscaban a través de la lectura de tu Palabra. Se presentaron ante Ti en oración. Se centraron en Ti y solo en Ti. Como dice la letra del viejo himno: «Fija tus ojos en Cristo. Tan lleno de gracia y amor. Y lo terrenal sin valor será, a la luz del glorioso Señor». Es tan cierto, Señor. Enséñame a concentrarme plenamente en hacer tu voluntad. Ayúdame a ser considerada digna de confianza, no solo por los demás, sino por Ti, mi Dios. Quiero ser alguien en quien los demás puedan confiar. Ayúdame a evitar la ociosidad y los chismes. Ninguno de los dos aporta bendición o serenidad a mis relaciones. En el nombre de Jesús, amén.

Una mujer bondadosa

La mujer bondadosa se gana el respeto;
los hombres violentos solo ganan riquezas.
Proverbios 11.16

Dios bondadoso, dame un corazón bondadoso. Ayúdame a realizar hoy actos de bondad al azar que bendigan a mi familia y a mis amigos. Cuando esté ocupada en el trabajo, ayúdame a mantener la calma y a responder con gracia y paciencia a las exigencias de los demás. Al final de un largo día, dame un espíritu apacible mientras trato con mi familia. Ayúdame a escuchar y a cuidar a cada miembro de mi familia con bondad, porque sé que esto te agrada. Me reabastecerás con tu gracia y tu amor interminables. Tú seguirás derramando amor en mí para que yo tenga suficiente para derramarlo de nuevo en las vidas de aquellos que me miran como ejemplo. Te pido que nunca se me conozca por lo que tengo o por lo que gano, sino por la bondad que brota de mi corazón. Dios, hazme bondadosa. En el nombre de Jesús te lo pido, amén.

Ser una esposa cariñosa

La mujer ejemplar es corona de su esposo;
la desvergonzada es carcoma en los huesos.

PROVERBIOS 12.4

Padre celestial, es tan fácil quedar atrapada en la visión que el mundo tiene del matrimonio. A mi alrededor, el mundo dice que busquemos lo que podemos «obtener» de un matrimonio, cuando yo sé que Tú deseas que «demos». Si pretendo dar la mitad mientras mi marido da la otra mitad, siempre me quedaré vacía. Debo estar plenamente presente en mi matrimonio, dando el cien por ciento a mi pareja. Aunque no se entregue plenamente a mí, Señor, ayúdame a cumplir mis votos. Quiero estar siempre dispuesta a animar a mi marido. Ayúdame a mostrarle el respeto que necesita. Él busca mi apoyo y necesita saber que siempre estoy aquí para él. Cuando en cambio empiezo a centrarme en sus defectos, mi matrimonio no se convierte en el matrimonio de paz que anhelo. Dame gracia para mi cónyuge, así como Tú eres tan misericordioso conmigo, Dios. Ayúdame a ser paciente con él, como Tú eres paciente conmigo. Anhelo que mi matrimonio refleje tu amor eterno. En el nombre de Jesús, pido tu bendición sobre mi matrimonio, amén.

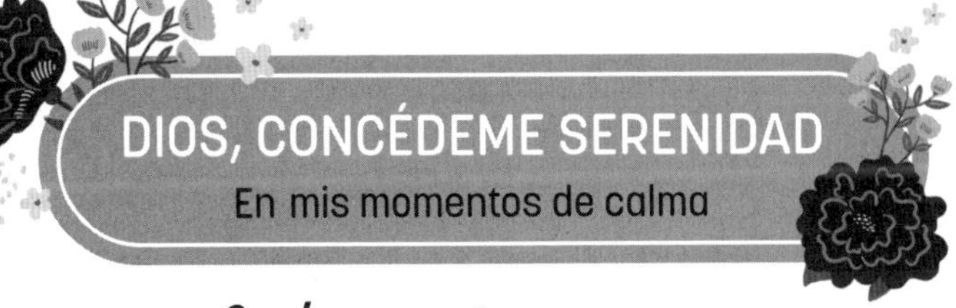

Quedarse quieta y reconocer

Quédense quietos, reconozcan que yo soy Dios. ¡Yo seré exaltado entre las naciones! ¡Yo seré enaltecido en la tierra!

Salmos 46.10

Padre celestial, al entrar en este tiempo devocional contigo, te pido que me ayudes a recordar que Tú sigues siendo Dios y teniendo el control. Aunque la política y la cultura parezcan ir alocadamente hacia ninguna parte, confiaré en el único Dios verdadero. En Ti y solo en Ti encontraré mi refugio y mi fuerza. Tú eres el Gran Yo Soy. Tú eres el Alfa y la Omega. Antes de que existiera el tiempo, Tú eras. Si los hombres y las mujeres no te alaban, las piedras tendrán que gritar. Tú eres así de santo. Tú eres así de supremo. Simplemente hay que alabarte. Padre, ayúdame a buscarte y a encontrarte de verdad en mis momentos de silencio. Al aquietar mi corazón ante Ti y abrir tu Palabra, guíame a los pasajes bíblicos y a los mensajes correctos que provienen de Ti. Despeja mi mente de todas las distracciones que compiten por mi atención. Ayúdame a encontrar momentos de paz a solas contigo, en los que puedas animarme y fortalecerme. ¡Te necesito tanto! En el nombre de Jesús, amén.

Cerca de Dios

Acérquense a Dios, y él se acercará a ustedes. ¡Pecadores, límpiense las manos! ¡Ustedes, los inconstantes, purifiquen su corazón!

SANTIAGO 4.8

Dios, acércate a mí, te lo ruego. Así como anhelo el contacto y la conexión humana, anhelo (aún más) una conexión contigo. Tú eres mi Creador, mi Salvador, mi mejor amigo. Tu Palabra me dice que cuando me acerco a Ti, Tú estás ahí. Estás preparado. Tú también te acercas a mí. Has puesto en mí una elección. Me has dado a elegir. Puedo elegir vivir la vida por mi cuenta, olvidando que Tú estás ahí, descuidando tu Palabra, forjando mi propio camino; o puedo depender de Ti, recurrir a tu maravillosa fuerza y apoyarme en Ti. Padre, sería una tontería hacer otra cosa que no fuera acercarme más y más a Ti cada día que pasa. En los momentos en que empiezo a desviarme, acércate a mí, Padre. No me dejes ir. Acércame a Ti como una madre abraza a sus hijos. Quiero estar en el lugar más seguro de todos: en tus brazos. En el nombre de Jesús, amén.

Paz en mis oraciones

Pero tú, cuando te pongas a orar, entra en tu cuarto, cierra la puerta y ora a tu Padre, que está en lo secreto. Así tu Padre, que ve lo que se hace en secreto, te recompensará.

MATEO 6.6

Dios, vengo a Ti en este lugar secreto. Me he retirado del mundo y de todo su ajetreo para escucharte hablar. Te busco aquí en privado. Solo nosotros dos. Pronuncio palabras de alabanza y acción de gracias. Te presento peticiones para mis propias necesidades y las necesidades de los demás. Te pido perdón por los pecados, no solo en general, sino por los pecados concretos que me vienen a la mente mientras oro. Aquí también encuentro tiempo para estar en silencio ante Ti. No quiero ser la única que hable. No se trata de una conversación unidireccional. Quiero que la oración sea una línea abierta de comunicación entre Tú, el Dios soberano, y tu sierva. No puedo verte, Señor, pero puedo sentirte cerca de mí cuando oro y cuando paso tiempo en tu Palabra. Ayúdame a encontrar siempre esos momentos de paz y tranquilidad para retirarme de todas las responsabilidades del día y simplemente encontrarme con mi Padre. Te lo pido en el nombre de Jesús, amén.

Muy temprano

Muy de madrugada, cuando todavía estaba oscuro, Jesús se levantó, salió de la casa y se fue a un lugar solitario, donde se puso a orar.

Marcos 1.35

Jesús, Tú me diste ejemplo. Leí en el libro de Marcos que Tú te fuiste solo a orar a un lugar solitario. Fuiste muy temprano en la mañana. No esperaste a caer en la cama, exhausto, al final de un largo día. Lo primero que hiciste fue buscar a tu Padre celestial en oración. Antes de que cantara el gallo. Antes de que el mundo despertara. Antes de que empezara el ajetreo del día a día. Este es el ejemplo que Tú me diste, y este es el ejemplo que yo seguiré. Daré este ejemplo a mis hijos. Quiero honrarte en todo lo que hago, incluso al empezar el día. Al encontrarme contigo aquí y ahora, te pido que calmes mi espíritu. Haz que sea un momento de tranquilidad. Entra en mis pensamientos, te lo pido, y guíame con la sabiduría que solo procede de Ti. Pon tu marca en mi día. Mientras me ocupo de mis responsabilidades como esposa, madre, empleada y amiga, te ruego que bendigas mi día. Gracias por este tiempo de paz contigo. Solo a través de Ti puedo orar, amén.

La comunión con Dios

Mira que estoy a la puerta y llamo. Si alguno oye mi voz y abre la puerta, entraré, cenaré con él, y él conmigo.

Apocalipsis 3.20

Es una gran bendición, Señor, que hayas entrado en mi vida. Llamaste a la puerta de mi corazón. Recuerdo ese día. Recuerdo cuando vivía por mi cuenta, antes de conocerte, antes de que vinieras a mi corazón y empezaras a caminar conmigo, a vivir conmigo, guiándome en tus caminos. Esos no fueron mis mejores días, Dios. Estos —contigo— sí lo son. Tengo el privilegio de vivir con el Creador del universo. Tengo la oportunidad de encontrarme con el Gran Yo Soy. Que nunca dé por sentado este privilegio ni olvide con quién hablo. Tú pones las estrellas en su sitio. Sabes el número de cabellos que tengo en la cabeza. Me siento tan bendecida de poder invocarte en oración. Solo por la sangre de Jesús puedo presentarme ante Ti. Al encontrarme contigo, al sentarme a tus pies, Señor, te pido que traigas sobre mí una sensación de paz y alegría. Sean cuales sean las circunstancias externas, siempre puedo encontrar contentamiento en Ti, Padre. En el nombre del Príncipe de Paz, Jesús, amén.

Descansa en el Señor

Solo en Dios halla descanso mi alma;
de él viene mi salvación.

Salmos 62.1

Dios, este mundo es puro ajetreo. Encontramos formas de ocupar cada minuto de nuestro tiempo despiertas. El trabajo domina nuestros días y nuestras noches. Nos ajetreamos con nuestras aficiones y reuniones, e incluso con el ocio. Sentimos que debemos hacer ejercicio y socializar. Trabajamos duro y jugamos duro solo para caer en la cama al final de largos días sin reconocerte en absoluto, Padre, que Tú eres mi única fuente de verdadero descanso. Tú me ofreces la paz que este mundo no conoce. El mundo puede ofrecerme muchas cosas, pero la paz no puede dármela; el mundo no sabe nada sobre la paz. Cuando mi cabeza toque la almohada esta noche, que sea hallada fiel. Que te busque incluso en mi descanso. Que te encomiende mi alma incluso mientras duermo. Tú eres mi salvación y mi alegría. Tú eres mi fuerza y mi serenidad. En el nombre de tu Hijo, Jesucristo, amén.

Trabajadora fiel

Esclavos, obedezcan en todo a quienes aquí en la tierra son sus amos, no solamente cuando ellos los estén mirando, para quedar bien con ellos, sino de corazón sincero, por temor al Señor. Todo lo que hagan, háganlo de buena gana, como si estuvieran sirviendo al Señor y no a los hombres. Pues ya saben que, en recompensa, el Señor les dará parte en la herencia. Porque ustedes sirven a Cristo, que es su verdadero Señor.

COLOSENSES 3.22-25 DHH

Dios, admito que a veces no lo doy todo en el trabajo. La mayoría de las veces sí... A veces incluso trabajo demasiadas horas y descuido otras áreas de mi vida. Pero, a veces, me meto en Internet o pierdo el tiempo de otras maneras. Tengo la tentación de cotillear con los compañeros de trabajo o menospreciar a mi jefe de alguna manera. No soy todo lo que debería en mi lugar de trabajo. Ayúdame, Padre, a serte fiel incluso en mi trabajo. Sé que cuando doy lo mejor de mí, los que me rodean se dan cuenta. Tú me dices en tu Palabra que haga brillar mi luz ante los demás para que vean mis buenas obras y glorifiquen a mi Padre que está en los cielos. Esto significa que mi trabajo te importa. Dame la capacidad y el deseo de trabajar como para Ti cada día. De hecho, ¡así es! Tú eres mi máxima autoridad, y quiero complacerte, Padre. Sé que cuando sea fiel en mi trabajo, Tú me mostrarás favor. Te lo pido en el nombre de Jesús, amén.

Trabajo y descanso

El séptimo día terminó Dios lo que había hecho, y descansó. Entonces bendijo el séptimo día y lo declaró día sagrado, porque en ese día descansó de todo su trabajo de creación. Ésta es la historia de la creación del cielo y de la tierra.

Génesis 2.2-4 DHH

Padre celestial, leí en Eclesiastés que hay un tiempo para todo. Un tiempo para trabajar y un tiempo para descansar. Cuando creaste la tierra, nos diste un modelo. Trabajaste y luego descansaste. Concédeme la sabiduría en esto, Señor. Ayúdame a trabajar duro y a agradarte en todo lo que hago en el trabajo. Ayúdame también a saber cuándo es el momento de descansar. Esto es delicado, y necesito tu sabiduría y guía para encontrar un equilibrio, Señor. Mi familia es importante. Mis amigos también necesitan de mi tiempo. Mi espíritu necesita ser renovado reuniéndome con tu pueblo en la iglesia regularmente. Que siempre te honre en mi trabajo y en mi descanso. Te lo pido en el nombre de Jesús, amén.

Marcar la diferencia en mi trabajo

Dios el Señor puso al hombre en el jardín de Edén para que lo cultivara y lo cuidara.

Génesis 2.15 DHH

Padre, desde el principio ha existido el trabajo. Aunque a veces el mío me parezca muy prosaico, ayúdame a descubrir su sentido. Guíame hacia una mayor comprensión de todas las formas en que estoy marcando la diferencia en el mundo. Dame oportunidades para marcar la diferencia en mi trabajo, Señor. Si hay personas con las que Tú quieres que hable de Cristo, haz que sea evidente para mí. Muéstrame las relaciones que necesito cultivar con ciertos compañeros de trabajo para que, con el tiempo, pueda llevarles a conocer también a tu Hijo como su Salvador personal. Mientras trabajo, dame resistencia para realizar las tareas que tengo entre manos. Dame paz con mis compañeros, con los que están por encima de mí y con los que están por debajo. Que encuentre el favor de mis superiores como tu siervo José encontró el favor en el palacio del faraón. Ayúdame a hablar cuando deba hacerlo y a callarme cuando sea lo mejor. En el nombre de Jesús, te pido que me guíes en mi lugar de trabajo, amén.

Tareas domésticas

Está atenta a todo lo que ocurre en su hogar,
y no sufre las consecuencias de la pereza.

Proverbios 31.27 NTV

Padre Dios, ¡no puedo imaginar que lavar los platos y la ropa pueda darte gloria! ¿Conducir el coche compartido y hacer espaguetis para cenar significa algo para ti? Seguro que no. Pero luego leo sobre la mujer de Proverbios 31, y la encuentro ocupada en las tareas domésticas. Quiero ser una mujer así, Señor. Enséñame a aprovechar al máximo mi tiempo y a ser organizada en mis tareas del hogar. Las tareas domésticas no son siempre divertidas, pero son necesarias y quiero estar al día con ellas. Quiero que mi casa sea un lugar de refugio y disfrute no solo para mi familia, sino para todos los que entren por sus puertas. Que sea bendecida con tu favor mientras busco ser la mejor mujer posible. Necesito tu ayuda, Señor, porque admito que trabajar en casa a menudo me parece algo sin valor e inútil. Hazme una trabajadora fiel dentro y fuera de mi casa. Te lo pido en el nombre de Jesús, amén.

Sabiduría en mi trabajo

Va a inspeccionar un campo y lo compra;
con sus ganancias planta un viñedo.

PROVERBIOS 31.16 NTV

Padre celestial, en mi trabajo se me pide que tome muchas decisiones. Cada día hay que tomar decisiones, y no siempre estoy segura de qué es lo mejor. Dame sabiduría, te lo ruego, para tomar las mejores. Ayúdame a considerar siempre las implicaciones éticas y morales. Guíame para que piense en los demás y para que piense más allá del presente, en el futuro. Leo sobre la esposa y madre de Proverbios 31, y la veo realizando su trabajo con precisión y sabiduría. Inspecciona un campo, lo compra y planta un viñedo. No es frívola ni caprichosa. Está ocupada en su trabajo, pero dedica tiempo a considerar las opciones y parece tomar caminos sensatos. Hazme sabia y concienzuda en todo lo que haga en mi trabajo. En el nombre de Jesús, amén.

Cuando el trabajo parece inútil

Yo respondí: «¡Pero mi labor parece tan inútil!
He gastado mis fuerzas en vano, y sin ningún propósito.
No obstante, lo dejo todo en manos del Señor;
confiaré en que Dios me recompense».

Isaías 49.4 NTV

Padre, estoy agotada. Mi trabajo me agota, y parece —al menos algunos días— que no sirve para nada. No siempre entiendo por qué me has mantenido aquí en este trabajo durante tanto tiempo. Parece un callejón sin salida. Trabajo horas y horas, semana tras semana, ¿y para qué? Un sueldo que apenas cubre las facturas. Padre, no quiero tener esta mala actitud. Haz que cambie. Recuérdame que Tú me tienes en este trabajo, en este momento de mi vida, por un propósito. Puede que no siempre esté aquí, pero mientras esté, ayúdame a honrarte en ello. Optaré por dejar mis preguntas a los pies del trono y aceptar mi posición por hoy. Dame la gracia para hacerlo mañana. Y muéstrame cuándo es el momento de cambiar, si llega. Te ruego que traigas a mi camino a las personas y oportunidades de trabajo adecuadas cuando llegue el momento del cambio. En el nombre de Jesús te pido estas cosas, para tu gloria, amén.

Provisión

El que se esfuerza en su trabajo tiene comida en abundancia, pero el que persigue fantasías no tiene sentido común.

Proverbios 12.11 NTV

Padre celestial, Tú siempre has provisto para mí. Satisfaces mis necesidades maravillosamente. La Biblia dice que incluso cuidas de las aves del cielo, proporcionándoles el alimento que necesitan... ¡cuánto más nos proveerás a nosotros tus hijos! Te doy gracias por mi trabajo, que me ayuda a mantener a mi familia. Te pido que me mantengas con los pies en la tierra y centrada en el trabajo que tengo entre manos. He visto lo que ocurre cuando la gente se desvía de ese enfoque y se dedica a perseguir sueños. Aunque sé que Tú también puedes hacer realidad mis sueños, quiero darte las gracias por la rutina del día a día. Mi familia está alimentada y vestida, y tenemos un techo sobre nuestras cabezas. Tu provisión me ayuda a mantener a mi familia. Por favor, bendíceme en mi trabajo cada día, y ayúdame a honrarte no solo con mi trabajo, sino también con mi actitud hacia él. Te lo pido en el nombre de Jesús, amén.

Evitar atajos

Los planes bien pensados y el arduo trabajo llevan a la prosperidad, pero los atajos tomados a la carrera conducen a la pobreza.

PROVERBIOS 21.5 NTV

Dios, he aprendido por las malas que los atajos no son lo que parecen. A menudo, cuando intento tomar el camino más fácil, las cosas no salen tan bien. Te pido que me ayudes a ser una buena planificadora y una gran trabajadora. Muéstrame el trabajo que tengo por delante y ayúdame a realizarlo de manera que te agrade. Sé que es una bendición mantenerse organizada, centrada y motivada. Haz que te honre en mi trabajo, y que vaya más allá en todo lo que hago. Los jefes notan estas cosas, Padre. Una buena actitud y trabajo duro destacan en el mundo actual. Mucha gente es perezosa o busca la manera de ganar más dinero trabajando menos. Aunque no me sirva para avanzar ni me ayude a ascender en la escalera del éxito terrenal, seré un éxito a tus ojos si mantengo una buena ética de trabajo. No quiero ser alguien que siempre está buscando el próximo plan para hacerse rica por la vía rápida. Bendíceme, Señor, con discernimiento y habilidad para que pueda agradarte en mi trabajo todos los días de mi vida. Te lo pido en el nombre de Jesús, amén.

Paz en mi trabajo

La gente trabajadora siempre duerme bien, coma mucho o coma poco; pero los ricos rara vez tienen una buena noche de descanso.

ECLESIASTÉS 5.12 NTV

Gracias, Padre celestial, porque puedo apoyar la cabeza en la almohada por la noche y descansar. Me da mucha paz saber que estoy trabajando duro para ayudar a mantener a mi familia. No me interesa ser rica. ¡La riqueza a veces trae más problemas que beneficios! solo quiero seguir honrándote en mi trabajo y estar contenta. Gracias por la serenidad que se encuentra simplemente en un buen día de trabajo. Dándolo todo. Manteniendo el rumbo. Siguiendo firme cuando las cosas se ponen difíciles. Conteniendo mi lengua y manteniendo la calma. Cumpliendo las tareas que se me encomiendan día a día. Te amo y te doy las gracias. Sé que todo don bueno y perfecto desciende del Padre de las luces. Sé que mi trabajo es un regalo tuyo, y te ruego que no se me olvide tratarlo como tal. Te pido que me ayudes a descansar tranquila sabiendo que estoy trabajando duro y honrando a mi Dios. En el nombre de Jesús, amén.

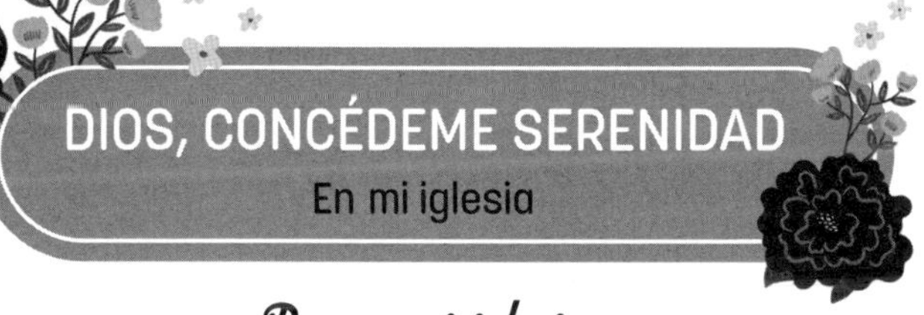

Paz en mi iglesia

Ahora te digo que tú eres Pedro (que significa 'roca'), y sobre esta roca edificaré mi iglesia, y el poder de la muerte no la conquistará.

MATEO 16.18 NTV

Dios, tu iglesia siempre ha sido importante para Ti. Tú eres nuestro Gran Pastor; y cuando nos reunimos para adorarte, eso te agrada. Te pido, Padre, que me concedas serenidad en mi iglesia. Los miembros de esta maravillosa comunidad me bendicen de muchas maneras. Sin embargo, a veces me siento frustrada. Somos un solo cuerpo, pero compuesto de muchos tipos de personas. Todas tenemos personalidades y dones únicos. A veces entramos en conflicto y discrepamos sobre pequeñas cosas: estilos de adoración, cómo deben hacerse las cosas o quién debe hacer qué. Nada de eso importa a la larga, Padre. Lo que importa es mostrar al mundo quién es Cristo y cómo ha cambiado nuestras vidas. Ayuda a mi iglesia a ser un lugar de paz. Ayúdame a no sentarme y esperar que las cosas mejoren, sino a buscar de verdad ser parte de la solución. Donde haya conflictos, ayúdame a ser pacificadora. Te doy gracias por mi iglesia, mi pastor, nuestros líderes y toda la congregación. Cada miembro es una bendición y es muy especial para Ti. Ayúdanos a vernos los unos a los otros como Tú nos ves, Señor. Ayúdanos a valorar las opiniones y formas de actuar de los demás. Te lo pido humildemente en el poderoso nombre de Jesús, amén.

Oración de protección sobre mi iglesia

Y Saulo iba por todas partes con la intención de acabar con la iglesia. Iba de casa en casa y sacaba a rastras tanto a hombres como a mujeres y los metía en la cárcel.

HECHOS 8.3 NTV

Padre celestial, te pido protección sobre tu iglesia. Así como Saulo, antes de su conversión, buscaba destruirla, hay muchas fuerzas externas que procuran dañar a los cristianos hoy. Nos reunimos para adorarte y aprender más de Ti, pero hay oscuridad a cada paso. Nada le gustaría más a Satanás que entrar en tu lugar santísimo y corromperlo con su maldad. Es astuto. En las pequeñas cosas, nos hace discutir y juzgarnos unos a otros. Ayúdanos a resistir esas tentaciones. Provoca en tu iglesia, Señor, una gran toma de conciencia de los tiempos en que vivimos. Guíanos para que veamos que debemos unirnos y no separarnos. Nada destruirá tu iglesia. Tú declaras que siempre habrá un remanente de tu pueblo. Haz que mi iglesia te agrade en todo lo que hacemos, y ayúdanos a vivir, adorar y servir en armonía unos con otros. Te lo pido en el nombre de Jesús, amén.

Una iglesia que ora

Pero, mientras Pedro estaba en la cárcel,
la iglesia oraba fervientemente por él.

HECHOS 12.5 NTV

Ayúdanos, Dios, a ser una iglesia que ora. En estos tiempos es fácil pensar que podemos hacer las cosas por nuestras propias fuerzas. Tenemos mucha tecnología a nuestro alcance para hacer que las luces y la música luzcan gloriosas. Tenemos recursos y dinero para hacer cosas dentro de las paredes de nuestra iglesia. Empezamos a planificar clases y actos y conferencias; y a veces, en medio de todo lo bueno, nos olvidamos de lo mejor. Tú eres lo único que importa. Tú eres el Alfa y la Omega. El principio y el fin. Tú eres soberano sobre todas las cosas. Si no hacemos hincapié en la oración en nuestra iglesia, estamos errando el blanco por completo. Ayúdanos a dejar de trabajar el tiempo suficiente para orar. Todos los programas del mundo son incomparables con la oración. Oro para que mi iglesia encuentre una gran paz al saber que estamos regando cada decisión con oración. Entonces sabremos que vamos por buen camino y que te agradamos, Dios. Ayúdanos a orar los unos por los otros, como la iglesia oraba por a Pedro mientras estaba encarcelado. Recuérdanos que oremos con fervor por el cuerpo de Cristo. En el nombre de Jesús, amén.

Crecimiento de la iglesia

Así que las iglesias se fortalecían en su fe y el número de creyentes crecía cada día.

HECHOS 16.5 NTV

Dios, gracias por mi iglesia. Amo a la gente que se reúne en tu nombre. Nos hemos convertido en una familia, el cuerpo de Cristo en esta comunidad. Hay gente con la que puedo contar y gente que puede contar conmigo. Es bueno pertenecer, formar parte de algo más grande que uno mismo. Ayúdanos, Padre, a crecer, tanto en fe como en número. No son las cifras en sí lo que buscamos, sino las almas que sabemos que necesitan ser salvadas por Jesús. Que nunca nos sintamos tan cómodos en lo que somos como cuerpo que descuidemos ir más allá de nuestros muros. Quiero que mi iglesia sea un lugar donde la gente pueda venir y sentirse acogida. Debería ser como una familia acogedora, dispuesta a incluir a todos los que entran. Trae crecimiento a nuestra iglesia, Señor, y ayúdame a ser parte de ese crecimiento. Te lo pido en el nombre de Jesús, amén.

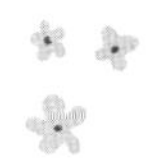

Un solo espíritu

Por lo tanto, procuremos que haya armonía en la iglesia y tratemos de edificarnos unos a otros.

Romanos 14.19 NTV

Padre celestial, me encanta la palabra armonía. Por favor, bendice a mi iglesia siempre con paz y tranquilidad. El mundo busca derribarnos, pero tu iglesia es un lugar donde podemos edificarnos unos a otros. Danos tus ojos para vernos unos a otros como personas valiosas y amadas. Cuando formemos comités o empecemos a planificar y decidir, danos un mismo espíritu. Hay una vieja canción que dice: «Y que somos cristianos se verá en nuestro amor». Que seamos siempre una iglesia conocida por nuestro amor, Señor. Bendícenos con un amor profundo y permanente a Ti como nuestro Señor soberano y a los demás del cuerpo de Cristo. Ayúdanos a amar como es debido al extranjero y al forastero. Ayúdanos a ser un lugar de paz para los que sufren. Ayúdanos a ser refugio de los cansados. Tu iglesia es, en cierto sentido, un hospital. Que ministremos a los que están heridos y les animemos en la fe. En el nombre de Jesús, pido armonía en mi iglesia, amén.

Unidad en la iglesia de Dios

Primero, oigo que hay divisiones entre ustedes cuando se reúnen como iglesia, y hasta cierto punto lo creo.

1 CORINTIOS 11.18 NTV

Padre celestial, que no haya divisiones en mi iglesia. No es mi iglesia, después de todo. No es la iglesia del pastor. No nos pertenece. Te pertenece a Ti. Es tu iglesia. Tu iglesia no debe parecerse al mundo con todas sus luchas y conflictos. Debe destacar por ser diferente. Debe ser un refugio para la gente, no un lugar de hostilidad. Que nos unamos como un solo cuerpo con un solo espíritu. Que busquemos la unidad en el Señor Jesús por encima de todo. Ayúdanos a concentrarnos en las cosas importantes y no en las secundarias. Ayúdanos a resistir la tentación de hacer montañas de un grano de arena. En los momentos en que nos sentimos agraviados, ayúdanos a reunirnos y conversar en lugar de suponer lo peor de nuestros hermanos y hermanas. ¡Qué gracia tan asombrosa has derramado sobre cada uno de nosotros! Haz que, por nuestra parte, nos impartamos gracia unos a otros. Sé que experimentaremos una gran paz dentro de nuestra iglesia cuando elijamos la unidad en lugar de la división. Te lo pido en el nombre de Jesús, amén.

La verdad con amor

En cambio, hablaremos la verdad con amor y así crecеremos en todo sentido hasta parecernos más a Cristo, quien es la cabeza de su cuerpo, que es la iglesia.

Efesios 4.15 NTV

Padre celestial, decir la verdad con amor no siempre es fácil. A veces hay desacuerdos dentro de mi iglesia. Otras veces hay creyentes que se desvían y necesitan corrección. Ayuda a mi iglesia y a sus líderes a saber decir la verdad con amor. Cada situación es única, pero ayúdanos a recordar que todas implican a personas. Y las personas son tu creación más preciosa, tus obras maestras, que llevan tu firma e imagen. Ayúdanos a valorar la vida humana y a recordar que a menudo es más frágil de lo que parece. En ciertos momentos tiene que aplicarse la corrección, pero haz que se haga en amor y con tu Espíritu. Ayúdanos a amar a todas las personas y a darnos cuenta de que también nosotros nos descarriamos. Todos somos pecadores y a veces perdemos de vista los caminos correctos. Te pido que seamos guiados siempre a decir la verdad con amor en mi iglesia. Así nos pareceremos cada vez más a Jesús, que es siempre nuestro objetivo. Te lo pido en su nombre, amén.

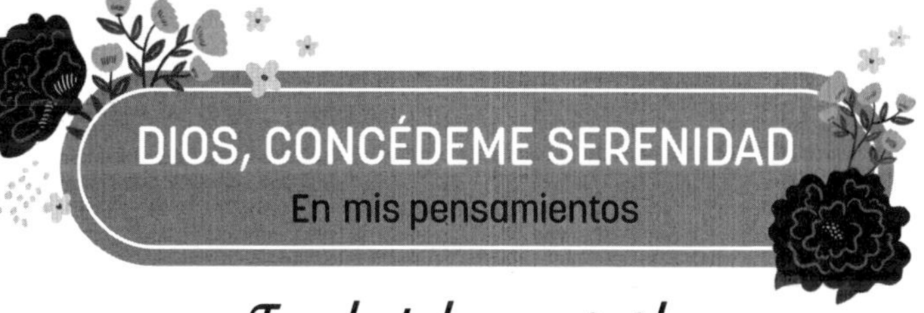

Tu voluntad para mi vida

Dame entendimiento y obedeceré tus instrucciones; las pondré en práctica con todo mi corazón.

SALMOS 119.34 NTV

Dios, llena mis pensamientos de entendimiento. Sé que cuando sea capaz de comprender tu voluntad para mi vida, seguiré con gusto tus caminos. Quiero complacerte con todos mis pensamientos. Hago muchos planes para mi propia vida, pero te ruego que me hagas estar siempre atenta a las señales y elementos que Tú usas para dirigirme. Sé que solo tendré verdadera paz y serenidad cuando me guíe tu mano. Quiero tu voluntad para mi vida más que mi propio camino. Padre, dame un corazón obediente. Buscaré tus caminos y escucharé tus instrucciones. Leeré tu Palabra para descubrir las verdades por las que quieres que viva. Ayúdame a poner en práctica tus caminos con todo mi corazón. Te lo pido en el nombre de Jesús, amén.

Piensa en cosas nobles

Por último, hermanos, consideren bien todo lo verdadero, todo lo respetable, todo lo justo, todo lo puro, todo lo amable, todo lo digno de admiración, en fin, todo lo que sea excelente o merezca elogio.

FILIPENSES 4.8

Padre celestial, que mi vida de pensamientos sea pura, y que te honre a Ti, mi Dios. Muchas veces mis pensamientos se desvían hacia fines egoístas. Pienso en lo que quiero o necesito. Me detengo en lo que no tengo en lugar de centrarme en tus muchas bendiciones. Tengo pensamientos negativos sobre los que me rodean, cuando, en realidad, debería saber que todos tenemos luchas. Nadie es perfecto. A veces me concentro en cómo alguien me ha herido, cuando en realidad debería orar por esa persona. Leo en tu Palabra que Tú deseas que piense en cosas nobles. En lo verdadero. En todo lo respetable. En todo lo que es justo. En lo que es puro. En todo lo amable, todo lo digno de admiración. Al traer en quietud mi corazón y mi mente ante Ti, te pido que traigas tales cosas a mi mente. Ayúdame a concentrarme en alabarte. Eres grande y digno de alabanza. Trae a mi mente todo aquello con lo que he sido bendecida para que me llene de un corazón agradecido. Haz que habite en tu Palabra, que es verdad, y en tu carácter, que es todo amor. Que piense en cosas con sustancia y consecuencia: los asuntos del reino. En el nombre de Jesús, te pido que hagas que mis pensamientos te sean agradables, amén.

Renovar mi mente

No se amolden al mundo actual, sino sean transformados mediante la renovación de su mente. Así podrán comprobar cómo es la voluntad de Dios: buena, agradable y perfecta.

Romanos 12.2

Renueva mi mente, Padre celestial, para que mis pensamientos te agraden y mis acciones reflejen tu gran amor. Como creyente en Cristo Jesús, al igual que los creyentes que me han precedido, no debo conformarme a los caminos de este mundo. El mundo me llama a hacer lo que me hace sentir bien, a vivir el momento, a pensar solo en mí y en lo que me hace feliz. El mundo ofrece experiencias a través de las drogas y el alcohol, a través de las cosas que el dinero puede comprar, y a través de intentar, con grandes luchas, seguir el ritmo de tus vecinos. El mundo no te valora a Ti ni a tus caminos, que son santos y justos. Muéstrame un camino diferente, Señor. Alumbra el camino ante mí y haz brillar tu luz en los rincones de mi mente. En los momentos en que siento la tentación de seguir el camino del mundo, detenme, te lo ruego. Entrena mi mente y mi corazón para que te anhelen a Ti y solo a Ti. Te lo pido en el nombre de Jesús, amén.

La verdad, como un tesoro

Hijo mío, nunca olvides las cosas que te he enseñado;
guarda mis mandatos en tu corazón.
Si así lo haces, vivirás muchos años, y tu vida te dará satisfacción.
¡Nunca permitas que la lealtad ni la bondad te
abandonen! Átalas alrededor de tu cuello como un
recordatorio. Escríbelas en lo profundo de tu corazón.

PROVERBIOS 3.1-3 NTV

Dios, como joyas preciosas guardadas en un cofre del tesoro, guardaré tus enseñanzas en lo más profundo de mi corazón. Permite que siempre tenga tus mandatos en mis pensamientos, y que como resultado te honre en todo lo que hago. Que la lealtad y la bondad sean como una diana a la que apunto cada día desde que me despierto. Por supuesto, a veces no daré en el blanco, pero quiero tratar de ser como Jesús en todas mis interacciones. Que en lo más profundo de mi alma guarde recuerdos de tu gran amor y de todos tus caminos. Tú eres mi Padre, y yo, creada a tu imagen perfecta, quiero amar como Tú amas y ser fiel como Tú eres fiel. Tú me dices que la verdadera satisfacción viene de recordar lo que me has enseñado y de vivir tu voluntad en esta tierra. Abrázame, Padre, y susúrrame tu verdad y tu amor. Te lo pido en el nombre de Jesús, amén.

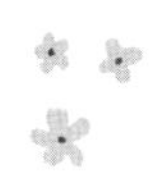

Dirige mis caminos

Confía en el Señor con todo tu corazón; no dependas de tu propio entendimiento. Busca su voluntad en todo lo que hagas, y él te mostrará cuál camino tomar.

Proverbios 3.5-6 NTV

Padre celestial, confío en Ti. Ayúdame a hacerlo aún más. Quiero confiar en Ti de manera tan absoluta que, cuando llegue a una bifurcación en el camino y tenga que tomar una decisión, al instante, por impulso, te busque a Ti. Solo soy un simple ser humano, una mujer. No tengo la sabiduría para saber ni siquiera una fracción de lo que Tú sabes. Tú ves mi vida como un hermoso tapiz. Ves todos los hilos y colores entretejidos para crear una imagen maravillosa. Ves el principio y el final. Lo ves todo. Yo solo veo unas pequeñas secciones. Necesito que me ayudes a comprenderte y a seguirte con todas mis fuerzas. Este mundo me llama con muchas voces. Parece que, mire donde mire, tengo que luchar contra la tentación de caminar por senderos que sé que no llevan a ninguna parte. Quiero caminar por sendas de rectitud. Quiero honrarte, Dios mío. En el nombre de Jesús, te pido sabiduría, amén.

Piensa en las cosas celestiales

Piensen en las cosas del cielo, no en las de la tierra. Pues ustedes han muerto a esta vida, y su verdadera vida está escondida con Cristo en Dios. Cuando Cristo, —quien es la vida de ustedes—, sea revelado a todo el mundo, ustedes participarán de toda su gloria. Así que hagan morir las cosas pecaminosas y terrenales que acechan dentro de ustedes. No tengan nada que ver con la inmoralidad sexual, la impureza, las bajas pasiones y los malos deseos. No sean avaros, pues la persona avara es idólatra porque adora las cosas de este mundo.

Colosenses 3.2-5 NTV

Padre celestial, sé que este mundo no es mi hogar. No soy más que una visitante, una extranjera, alguien que está de paso, pero que no pertenece a este lugar. Mi identidad está en Ti. Mi vida vieja se acabó, y mi nueva vida está escondida con mi Jesús en Ti. Ayúdame, te lo ruego, a poner fin a cualquier pecado. Aleja de mi mente todo pensamiento pecaminoso. No quiero que la muerte aceche donde solo debería haber vida. No deseo las cosas de este mundo. Pero deseo tus caminos, Padre, que son siempre más elevados y siempre mejores para tus hijos. Aparta de mi corazón cualquier fragmento de codicia o resto de una vida pasada de pecado. Me niego a ser una prisionera, incluso en mis pensamientos. Soy libre en Cristo, y ya no adoraré las cosas vacías de este mundo. Quiero que mi vida sea un recipiente de adoración para Ti, mi Rey. Te lo pido en el nombre de Jesús, amén.

La mirada puesta en Dios

Pon la mirada en lo que tienes delante;
fija la vista en lo que está frente a ti.

PROVERBIOS 4.25

Padre celestial, por favor, ayúdame a fijar mi mirada en Ti. Sé que acabaré poniéndola en lo que sea. Si me centro en el mundo, el mundo me consumirá. Si te pongo delante de mí como mi objetivo, mi meta y mi destino, ¡Tú serás donde acabe! Quiero honrarte y vivir para Ti. Encuentro la mayor paz en los momentos en que sé que estoy justo en medio de tu voluntad, Padre. Tú me dices en tu Palabra que no mire a la derecha ni a la izquierda, sino que mire de frente. Cuando miro a mi alrededor, veo muchas cosas de las que preocuparme o que me desvían del camino correcto. Pero cuando miro directamente a Ti, solo veo tu gloria. Me invade una sensación de calma. Me encuentro segura en el cuidado de mi Padre. Sé que Tú eres mi guía y mi proveedor. Al igual que las ovejitas dependen del sonido de la voz de su pastor, yo dependo de Ti para que me guíes. Mantenme siempre centrada en Ti. Te lo pido en el nombre de Jesús, amén.

Pensar en los demás

No sean egoístas; no traten de impresionar a nadie. Sean humildes, es decir, considerando a los demás como mejores que ustedes. No se ocupen solo de sus propios intereses, sino también procuren interesarse en los demás.

Filipenses 2.3-4 NTV

Dios, por favor, líbrame del pensamiento egoísta. Ayúdame a pensar en los demás antes que en mí misma, nunca como inferiores o menos importantes. Como soy humana, busco ser la número uno. Pero ya no soy esclava de mi humanidad. Tengo a Cristo en mi corazón. Soy una nueva creación. Puedo, en su poder, mirar más allá de mí misma y de mis deseos e incluso de mis necesidades. Puedo pensar en los que me rodean. Puedo ver sus dificultades. Puedo sentir su dolor. Puedo pensar en cómo les afectarán mis palabras y mis acciones. Puedo ser proactiva en el cuidado de los que están en la comunidad de mi iglesia y en mi lugar de trabajo. Puedo pasar de lo natural a lo sobrenatural. Puedo ser una representación viva de Jesús para los necesitados. Puede que yo sea el único Jesús que algunos verán. Jesús fue un líder servidor en esta tierra. Haz que yo pueda seguir sus pasos. Que piense primero en los demás. En el nombre de Cristo, amén.

Llevar cautivo todo pensamiento

Destruimos argumentos y toda altivez que se levanta contra el conocimiento de Dios, y llevamos cautivo todo pensamiento para que se someta a Cristo.

2 Corintios 10.5

Dios, hoy decidiré llevar cautivo todo pensamiento a mi Jesús. Sé que según va mi vida de pensamiento, así va mi vida espiritual. Por favor, no dejes que mis pensamientos me lleven a lugares impíos. Guárdame de conflictos y discusiones. Guárdame del pecado, te lo ruego. Tan pronto como comienza a deslizarse en mi mente un pensamiento que puede no ser correcto, quiero reconocerlo y llevarlo cautivo a Cristo. Que Cristo sea el centro de mi existencia. Que mis respuestas y mis reacciones lleven su imagen. Que mis amigos y familiares me conozcan como alguien que sigue a Jesús y no como alguien que solo habla del cristianismo de labios para afuera. Que mi corazón, mi mente y mi alma se parezcan tanto a Jesús que los demás vean en mí a mi Salvador. Despeja mi mente ahora que vengo ante Ti en oración y en rendición. Mi mente es un campo de batalla. Cada día que viva en este mundo caído, Satanás tratará de hacerme caer en pensamientos negativos y de fracaso. Pero con el poder de la cruz de Jesús, resistiré sus vanas tentaciones de hacerme pensar de esa manera. Ayúdame a entregarte de verdad mis pensamientos. En el nombre de Jesús, amén.

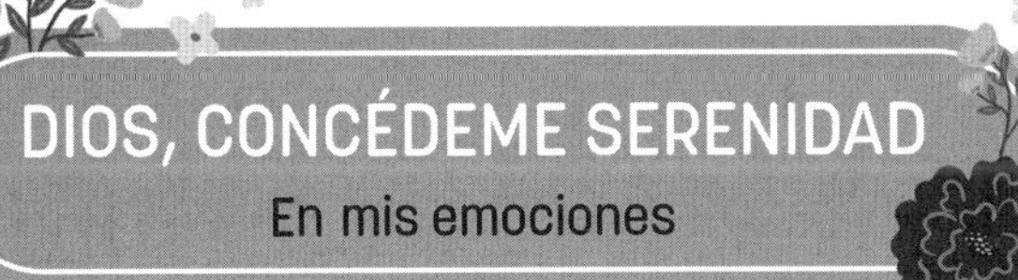

DIOS, CONCÉDEME SERENIDAD

En mis emociones

Preocupada por nada

No se preocupen por nada; más bien, en toda ocasión, con oración y ruego, presenten sus peticiones a Dios y denle gracias. Y la paz de Dios, que sobrepasa todo entendimiento, cuidará sus corazones y sus pensamientos en Cristo Jesús.

FILIPENSES 4.6-7

Dios, mis emociones sacan lo mejor de mí a veces. Dejo que la preocupación se cuele y se apodere de mí cuando no debería. Recuérdame que Tú siempre estás ahí y que escuchas mis oraciones. Por favor, ayúdame a no dejar que mis emociones tomen el control, sino dame la determinación de llevar todo pensamiento cautivo a Cristo. Cuando estoy estresada, respiro hondo y suelto el aire lentamente. Respiraré, sabiendo que Tú me tienes en la palma de tu mano. Tú eres más grande que cualquier temor o preocupación que la vida pueda traer. Tú eres quien me da la paz, mi delicia, mi descanso. Reivindico el poder de Cristo sobre mis emociones, y de buen grado echo toda mi ansiedad a los pies de tu trono. Por favor, consuélame a través del Espíritu Santo, y recuérdame tu cuidado constante. Te lo pido en el nombre de Jesús, amén.

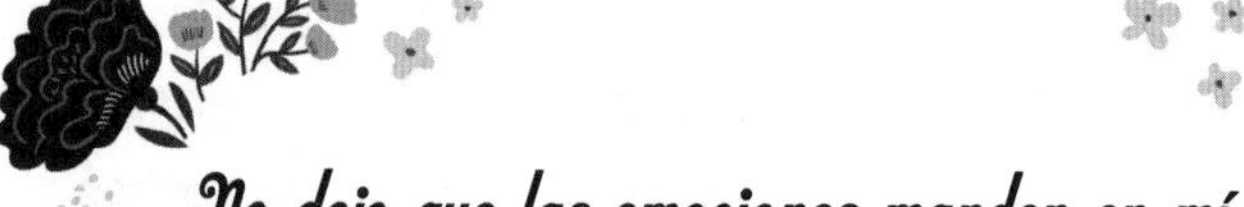

No dejo que las emociones manden en mí

El corazón alegre se refleja en el rostro,
el corazón dolido deprime el espíritu.
PROVERBIOS 15.13

Dios, por favor, cambia cualquier negatividad en mí por una sonrisa. He oído decir que la actitud es un pequeño detalle que marca una gran diferencia, y creo que es cierto. Cuando permito que las circunstancias dicten mis emociones, rápidamente me meto en un camino que me lleva a la depresión y la tristeza. Pero cuando elijo ver el lado positivo, mi corazón se eleva, y todo mi ser tras él. Trae a mi corazón una paz que sobrepasa todo entendimiento, te lo ruego. Una paz que este mundo no puede ofrecer. Una paz que solo está disponible para el creyente, para aquel cuya confianza está en Ti. Sé que no todos los días serán fáciles. Este es un mundo caído, y debido al pecado va a haber tiempos muy duros. Pero te pido que me enseñes a ver incluso las pruebas como gozo, sabiendo que desarrollan mi carácter y me hacen más semejante a Jesús. Te lo pido en su nombre, amén.

Jesús lloró

Al ver llorar a María, y a los judíos que la habían acompañado también llorando, Jesús se turbó y se conmovió profundamente.
—¿Dónde lo han puesto? —preguntó.
—Ven a verlo, Señor —le respondieron.
Jesús lloró.

JUAN 11.33-35

Jesús, Tú lloraste. Te conmovió el dolor de los demás y la muerte de tu querido amigo. Experimentaste emociones reales. Eras humano y, no obstante, eres Dios. Tú elegiste este lugar con todo su pecado; Tú elegiste la tierra, por mí. Dejaste el cielo, donde no hay lágrimas, para venir a morar aquí con nosotros. Te has puesto en nuestra piel. Has experimentado el dolor como nosotros. Gracias por eso. Gracias por llorar, así sé que Tú me comprendes cuando lloro. Gracias por recoger mis lágrimas y por consolarme, Padre. Eres bueno. Tú eres siempre bueno. Y me amas con una intensidad que podría llevarte a las lágrimas, igual que lloraste por la pérdida de Lázaro. Es una gran dicha ser amada así. Gracias por venir a la tierra y sufrir emociones dolorosas para que yo pueda saber que comprendes las cosas que siento. Te amo, Señor. En tu poderoso nombre oro, amén.

Resistir al pecado que viene del enojo

«Si se enojan, no pequen». No permitan que el enojo les dure hasta la puesta del sol, ni den cabida al diablo.

Efesios 4.26-27

Me enojo, Señor. Sé que no puedo ocultártelo. Lo has visto y oído. Conoces todas mis emociones, incluso las que no son tan dulces. La lección que tienes para mí en Efesios no es que nunca me enoje, sino que no peque como resultado de mi enojo. Somete mi enojo, Señor. Ayúdame a apagarlo mientras es solo una chispa, antes de que prenda y se convierta en un fuego salvaje y virulento. Dame gracia para morderme la lengua y contar hasta diez. Dame paciencia para que no estalle en ira por cosas que en realidad no merecen una reacción tan fuerte. No quiero que Satanás tenga poder alguno en mi vida. Quiero andar contigo y por tus caminos todos los días de mi existencia. No quiero pecar airada, Padre. Y en esos días en que la ira se cuela, ayúdame a disculparme y a arreglar las cosas antes de irme a dormir. Te amo, Señor, y quiero agradarte. Sé que Tú tienes el poder de calmar mi enojo antes de que se descontrole. Por favor, pon guarda sobre mi corazón y mi mente, para que la ira no sea un problema en mi vida. En el nombre de Jesús, amén.

El consuelo del Espíritu Santo

Dichosos los que sufren, porque serán consolados.

Mateo 5.4

Señor, soy una criatura emocional. Fui creada para experimentar emociones. Siento con intensidad. Me alegro y me río. También sufro y lloro. Forma parte de ser humana. Es lo que soy. A veces, estoy de duelo. Lloro con profunda pena por alguien o algo perdido. Lo experimento cuando pierdo a un ser querido. También cuando pierdo un sueño largamente acariciado. Cuando me quitan algo que significa tanto, es natural que me duela. En esos momentos, consuélame, Señor. Que pueda sentir la presencia del Espíritu Santo, al que Tú enviaste para estar conmigo mientras estamos separados. Me dijiste que has ido al cielo a prepararme un lugar para que pueda pasar la eternidad contigo. Has dejado al Espíritu Santo en tu lugar, y uno de sus principales trabajos es ejercer como Consolador. Esto me trae mucha paz, saber que Tú previste que necesitaría esa ayuda. Cuando subiste al cielo, pensaste en mí. Viste mi futuro. Viste el dolor y no quisiste que llorara sola. Querías que tuviera un Consolador. Gracias por eso, Jesús. Gracias por el dulce consuelo de tu Espíritu Santo que siento cerca de mí incluso ahora. En tu nombre, amén.

Busca la paz y síguela

Que se aparte del mal y haga el bien;
que busque la paz y la siga.
SALMOS 34.14

Padre celestial, mis emociones pueden llevarme por mal camino, ¡y muy deprisa! Cuando estoy triste o enojada, puedo equivocarme fácilmente de camino. Empiezo a condenarme a mí misma o a los demás, creando cargas que no tenemos que soportar. Digo cosas que no pienso. Actúo de una manera que no refleja el evangelio de Cristo. En estos momentos, ayúdame a detenerme y simplemente dirigirme a Ti. Ayúdame a apartarme del mal y elegir lo que es bueno y justo. Ayúdame a buscar la paz y seguirla. Ayúdame a llevar una vida de paz cueste lo que cueste. Si pierdo una amistad porque alguien es demasiado propenso a los conflictos durante demasiado tiempo, enséñame a cortar por lo sano. A veces hay que pagar un precio por la paz. Hazme una buscadora de la paz y la serenidad y que no te deshonre por culpa de emociones que se han desbocado y me han desviado del camino. En el nombre de Jesús, pido control sobre mis emociones. Pido paz, amén.

Mi alma está bien

Querido hermano, oro para que te vaya bien en todos tus asuntos y goces de buena salud, así como prosperas espiritualmente.

3 Juan 1.2

Padre, mi alma está bien. Mi cuerpo y mi mente están conectados. En realidad, no pueden considerarse por separado, porque el uno afecta mucho a la otra. Gracias porque he encontrado el secreto para estar en paz por dentro, sean cuales sean mis circunstancias. El apóstol Pablo escribió que había aprendido a estar contento en cualquier circunstancia, y te pido que sea así también en mi vida. Pase lo que pase, espero mantener en buena condición mi alma, en una paz profunda y permanente, porque sé que soy tuya. Sé que Tú eres mi Dios. Sé que, pase lo que pase en esta vida, tengo la esperanza del cielo. Me encantaría gozar de buena salud física todos los días de mi vida, pero anhelo aún más la paz interior y la serenidad incluso en la vejez. Gracias, Señor, porque con Jesús en mi corazón puedo decir que mi alma está bien. En el nombre de Jesús, amén.

Dominio propio

Pues Dios no nos ha dado un espíritu de timidez, sino de poder, de amor y de dominio propio.

2 Timoteo 1.7

Amado Dios, gracias por prometerme que no tengo por qué ser temerosa. He recibido un espíritu de poder, amor y dominio propio. Tengo poder sobre mis emociones en el nombre de Jesús. Puedo controlar cómo reacciono cuando estoy conectada a tu fuente de poder. Reconozco que si no paso tiempo en la Palabra y en oración, es menos probable que responda con calma cuando me encuentro con una situación de tensión. Gracias porque has puesto tu poder en mí. El mismo poder que resucitó a Jesús de entre los muertos mora en mí; y gracias a ese poder, soy más que vencedora. Soy capaz de controlar mis emociones en lugar de que mis emociones me controlen a mí. Gracias, Señor, por el dominio propio. ¡Qué gran regalo! Doma mi lengua, Padre. Ayúdame a contener mi ira. Enséñame a respirar hondo. Enséñame a contar hasta diez o a alejarme antes de reaccionar emocionalmente en el calor del momento. Tengo todo lo necesario para ejercer el dominio propio, así que por favor ayúdame a llevarlo a la práctica. No siempre reaccionaré a la perfección, pero puedo aprender a ser una mujer que controla sus emociones. Te lo pido en el nombre de Jesús, amén.

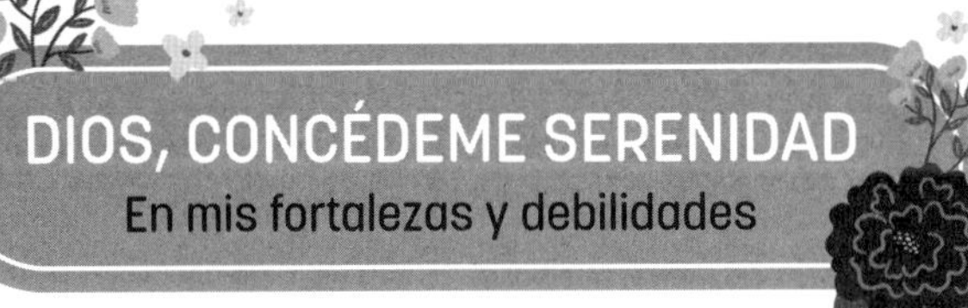

En la fuerza de Cristo

Pues todo lo puedo hacer por medio de Cristo, quien me da las fuerzas.

FILIPENSES 4.13 NTV

Dios, posiblemente soy mejor en algunas cosas que en otras. Todos lo somos. Tengo mis puntos fuertes y débiles, como cualquier otra mujer. Pero la Biblia me dice que todo lo puedo en Cristo que me fortalece. Todo. Creo que esto significa que todo lo que me llames a hacer, tendré la fuerza para lograrlo. Si me llamas a permanecer soltera, puedo serlo en Cristo que me fortalece. Si soy llamada al matrimonio, puedo ser una esposa gracias a la fuerza de Cristo. Si me das hijos, puedo ser madre con la fuerza que me ha dado mi Jesús. Si me enfrento a dificultades, puedo pasar por ellas porque Él camina conmigo. Él me guiará, me ayudará y, a veces, me llevará totalmente en sus brazos por la vida. No hay nada que no pueda hacer, porque tengo el poder de Jesucristo vivo dentro de mi alma. Yo sola no puedo hacer nada. Con Jesús, es todo lo contrario. Él cambia las reglas del juego. Él hace que el final de mi historia sea mucho más que el principio. Todo lo puedo en Jesús. Oro en su nombre, amén.

A su imagen y semejanza

Y creó Dios al ser humano a su imagen; lo creó a imagen de Dios. Hombre y mujer los creó.

GÉNESIS 1.27 BLPH

Padre, he sido creada a tu imagen. Tú hiciste todas las cosas del mundo, pero tu obra maestra final fue la humanidad. No estabas satisfecho con el mundo creado hasta que colocaste al hombre y a la mujer en el jardín. Yo soy descendiente de ellos. Llevo tu imagen, igual que ellos. Cuando me miro en el espejo, veo mis debilidades. Van mucho más allá de mi apariencia externa. Soy consciente de que estoy muy limitada. Reconozco que hay muchas cosas que no hago bien. Te fallo cada día, Padre. Sé que eso forma parte de la condición humana, pero sigo castigándome por ello. Quiero ser perfecta. Quiero hacer las cosas bien y ser inteligente y atractiva y... suficiente. Reconozco que me cuesta querer ser *suficiente*. Pero te oigo susurrarme: «*Hija, tú* eres *suficiente*». Soy salva por gracia. Gracias, Padre, por hacerme a tu imagen y salvarme por medio de tu Hijo. Soy humildemente consciente de mis muchas debilidades, pero te doy gracias porque mi Padre me considera suficiente. Tú me ves a través de Jesús, y yo soy tu valiosa hija. Qué bendición, Dios. En el nombre de Jesús, amén.

Poder en la debilidad

Él da fuerzas al cansado,
y al débil le aumenta su vigor.

Isaías 40.29 DHH

Dios de todo poder, gracias por ser mi fuente de poder. Cuando soy débil, Tú eres fuerte. Como dice aquella canción infantil: «Cristo me ama. Me ama a mí, pues la Biblia dice así. Los pequeños son de Él. Yo soy débil, fuerte es Él. Sí, Cristo me ama». Qué bendición saber que no se espera de mí ni se me exige que sea la mejor en todo. Siempre habrá áreas de mi vida en las que soy débil. Tal vez sea buena para la hospitalidad, pero no para enseñar en la escuela dominical. Puedo ser una maravillosa ayudante entre bastidores, ¡pero morirme de miedo ante la posibilidad de un cargo ministerial! No he sido creada con todos los dones espirituales, pero los que tengo soy responsable de usarlos para tu reino. Y cuando se me pide que haga algo que me saca de mi zona de confort, no debo temer. Tú estás conmigo y siempre serás mi fuente de poder. Puedo echar mano del poder a mi disposición a través de Cristo en cualquier momento y lugar. Te entrego mis debilidades, Señor, porque en Ti soy fuerte. En el nombre de Jesús, amén.

Un cuerpo, muchas partes

Pues bien, ustedes son el cuerpo de Cristo, y cada uno de ustedes es un miembro con su función particular.

1 CORINTIOS 12.27 DHH

Dios, ayúdame a recordar que, aunque no soy buena en todo, he recibido dones. Y debo usarlos para tu gloria. El cuerpo de Cristo es algo asombroso. Miro a mi alrededor y veo a personas muy diferentes de mí. Es difícil no sentir envidia del talento y las capacidades de otros. Muchos han recibido una hermosa voz para cantar o el don de la misericordia, ¡pero esas no son mis especialidades! Necesito recordar que Tú eres quien eligió qué dones darme. Hoy pondré la mirada en mis puntos fuertes, no en los débiles. Encontraré la manera de utilizar mis talentos para honrar tu nombre. Soy parte del cuerpo y desempeño un papel importante que nadie más puede desempeñar. Hay una canción cristiana contemporánea que lo dice así, y hoy me detengo en estas palabras mientras oro: «Fuiste creada para cumplir un propósito que solo tú podías cumplir, ¡así que nunca podría haber una tú más bella!». En el nombre de Jesús, hazme consciente de mis dones y haz que los utilice siempre para tu reino, Señor, amén.

Dones diferentes

Hay en la iglesia diferentes dones, pero el que los concede es un mismo Espíritu. Hay diferentes maneras de servir, pero todas por encargo de un mismo Señor. Y hay diferentes manifestaciones de poder, pero es un mismo Dios, que, con su poder, lo hace todo en todos. Dios da a cada uno alguna prueba de la presencia del Espíritu, para provecho de todos.

1 Corintios 12.4-7 DHH

Dios, me encanta cómo trabaja el Espíritu Santo. Todos recibimos dones, pero de formas muy diferentes. Quiero que mis dones sean visibles y útiles para el bien común de tu pueblo. Al igual que una madre o un padre no dan a cada hijo la misma prenda de vestir, sino más bien lo que necesita en ese momento, el Espíritu Santo sabe lo que necesitamos. Si un niño necesita un par de zapatos nuevos, su madre no le compra un abrigo. Si a otro se le ha quedado pequeño el abrigo, no le da un par de zapatos nuevos. En la sabiduría y soberanía del Espíritu Santo, se determinó que yo recibiría los dones que he recibido. No dejes que te cuestione ni me queje de lo que me gustaría en contraste con lo que me das. Quiero vivir en servicio a Ti, Dios, y como sierva para tu pueblo. Que todo lo que haga refleje este tipo de actitud. Gracias por los dones con los que me has bendecido, y ayúdame a reconocer la responsabilidad que conllevan mis fortalezas y capacidades. Te lo pido en el nombre de Jesús, amén.

Dar fruto

Yo soy la vid, y ustedes son las ramas. El que permanece unido a mí, y yo unido a él, da mucho fruto; pues sin mí no pueden ustedes hacer nada.

JUAN 15.5 DHH

Padre celestial, quiero dar fruto para tu reino. Ya no quiero intentar hacer las cosas con mis propias fuerzas. Tengo talentos y capacidades, pero cuando me vuelvo orgullosa —pensando en lo buena que soy y en lo mucho que puedo hacer para Ti—, inmediatamente desciendo un escalón. No hay nada en mí que te agrade, Señor. Te necesito en cada momento de cada hora para dar fruto. Y así debo permanecer en Ti. Mantenme cerca de tu lado, Padre. No dejes que me desvíe. Al pasar tiempo en tus Escrituras, permaneciendo y meditando en tus palabras, permanezco en Ti. Al estar en quietud y oración, dándote tiempo para que me hables, permanezco en Ti. Y permaneciendo en Ti daré más y más fruto para tu reino. No deseo hacerlo por mí misma, ya que soy incapaz. Sin Ti, no puedo hacer nada; pero por el poder de tu Espíritu, puedo de brillar para el reino. En el nombre de Jesús, te pido que yo permanezca siempre en Ti y que dé mucho fruto. Algún día, quiero escuchar estas palabras: «Bien hecho, sierva buena y fiel. Bien hecho», amén.

Trabajo frente a descanso

Vengan a mí todos ustedes que están cansados de sus trabajos y cargas, y yo los haré descansar. Acepten el yugo que les pongo, y aprendan de mí, que soy paciente y de corazón humilde; así encontrarán descanso.

MATEO 11.28-29 DHH

A veces, Padre, me canso. Trabajo, me esfuerzo y trato de conseguir muchas cosas. Uso mis dones. Sirvo. Me uno al coro o a un comité. Voy de viaje misionero. Perfecciono mis dones, y luego los uso para tu gloria. Pero, al hacerlo, a menudo me agoto. Sé que el agotamiento no es tu plan para mí. Ayúdame a encontrar el equilibrio adecuado entre servir y descansar, entre usar mis dones y simplemente encontrar consuelo en tu presencia. Al igual que María y Marta, aquellas dos hermanas, luchaban por saber qué era mejor —sentarse a tus pies o trabajar para servirte—, veo que esa pregunta es relevante en mi propia vida. ¿Debo ser una María o una Marta? A veces intento hacer demasiado. Calma mi espíritu. Muéstrame cuándo trabajar y cuándo descansar. Recuérdame que Tú estás aquí para soportar mi pesada carga y que cuando todo sea demasiado, soy libre de decir no a algunas cosas. Soy libre para descansar en tu presencia. ¡Cómo lo necesito, Señor! Te lo pido en el nombre de Jesús, amén.

Resistirme al orgullo de mis puntos fuertes

Deja que sean otros los que te alaben;
no está bien que te alabes tú mismo.

PROVERBIOS 27.2 DHH

Padre celestial, a veces me siento orgullosa de las cosas que hago bien. Es como si tuviera un motor dentro que me impulsa a hacerlo mejor que los demás. Aunque sé que es bueno estar motivada y con impulso, por favor, evita que me vuelva orgullosa. Los dones y capacidades con los que he sido bendecida son para tu gloria, no para la mía. Permíteme usar bien mis dones y aprender y crecer, no para glorificarme a mí misma, sino para honrar a mi Rey. He oído el dicho de que «la soberbia precede a la caída». Entiendo que los elogios deben venir de los demás y no de mí misma. Debería trabajar para un solo público: Tú, mi Padre celestial. Te amo, Señor, y te doy gracias por las fuerzas que me has concedido. Que todo lo que haga sea con lo mejor de mis capacidades, y no para que me alabe la gente, sino para glorificarte a Ti. Te lo pido en el nombre de Jesús, amén.

DIOS, CONCÉDEME SERENIDAD

En mi incertidumbre

Centrarse en el presente

No se preocupen por el día de mañana, porque mañana habrá tiempo para preocuparse. Cada día tiene bastante con sus propios problemas.

Mateo 6.34 dhh

Padre celestial, me preocupo demasiado. Me has dicho que no me preocupe por el mañana, sino que me centre en lo que Tú estás haciendo hoy, en esta hora, en este preciso momento. Puedo pensar en todos los «y si... » de la vida, o puedo decidir ponerlos a tus pies. Es inútil especular sobre todas las posibilidades. Este tipo de pensamiento conduce al pesimismo. No quiero vivir con una sensación de temor, sino con soltura en mi caminar. Soy una creyente en Jesús; Él me ha hecho nueva. Mi antigua vida ya pasó, y mi nueva vida debe reflejar confianza interior y la paz de conocerle a Él. Padre, vendrán cosas difíciles. Vivimos en un mundo caído, y cuento con la promesa de que habrá pruebas y tribulaciones. Pero Tú me verás a lo largo de esos problemas paso a paso. Recuérdame que disfrute del momento, Dios. Recuérdame que saboree la serenidad de caminar por la vida con un Salvador que nunca me dejará ni me abandonará. Hay una gran paz en confiarle a Jesús mi futuro. Te lo pido en su nombre, amén.

Dios me protege

El Señor te protege de todo peligro; él protege tu vida.
El Señor te protege en todos tus caminos, ahora y siempre.

Salmos 121.7-8 dhh

Señor, siento inseguridad sobre el futuro. ¡Hay tantos signos de interrogación donde antes había puntos finales! Todo parecía claro y seguro, pero ahora lo desconocido me ha invadido y estoy paralizada, sin saber qué hacer. Necesito que me asegures que Tú estás conmigo. Tú me guardas y me proteges porque soy tuya. Todo puede parecer estar en el aire, pero Tú no me has perdido de vista. Tú vigilas todas mis idas y venidas. A lo largo del día y hasta la noche, Tú cantas sobre mí, Padre. Me reconfortas con tu presencia. Nunca estoy sola. Incluso ante un futuro desconocido, pondré mi confianza en Ti. ¡Nunca me has defraudado, y no vas a empezar ahora! Gracias, Padre, por tu amor inquebrantable. Gracias por la promesa de que nunca me abandonarás. En el nombre de tu Hijo Jesús, amén.

No te preocupes

Así que no se preocupen, preguntándose: «¿Qué vamos a comer?» o «¿Qué vamos a beber?» o «¿Con qué vamos a vestirnos?». Todas estas cosas son las que preocupan a los paganos, pero ustedes tienen un Padre celestial que ya sabe que las necesitan. Por lo tanto, pongan toda su atención en el reino de los cielos y en hacer lo que es justo ante Dios, y recibirán también todas estas cosas. No se preocupen por el día de mañana, porque mañana habrá tiempo para preocuparse. Cada día tiene bastante con sus propios problemas.

MATEO 6.31-34 DHH

Dios, he aprendido que el mañana ya tiene bastantes problemas. No debería pedir más. Recuérdame otra vez esta verdad. Tú me dices que no me preocupe; preocuparse no sirve de nada. Más bien, debo poner mis preocupaciones a tus pies y confiar en Ti, que todo estará bien. Tú vistes los campos de flores. Proporcionas frutos y semillas a las aves del cielo. Las ardillas no pasarán hambre. ¡Cuánto más te preocupas por mí, que soy tu hija! Tú me darás lo que necesite cuando lo necesite, como siempre lo has hecho. Tú conoces mis necesidades antes que yo. ¡Y no me has traído hasta aquí para dejarme abandonada! Entra conmigo, Padre, en territorio desconocido. Es una tierra con la que no estoy familiarizada. No conozco los sonidos de la noche aquí. Me estremezco, pero entonces siento tu mano en la mía. Eres tan fuerte. Eres tan bueno. Tú estás conmigo y por mí, y nunca me abandonas. Quédate conmigo ahora, Señor. Consuélame. Necesito sentir tu presencia. En el nombre de Jesús, amén.

Los planes que Dios tiene para mí

Porque yo conozco los planes que tengo para ustedes —afirma el Señor—, planes de bienestar y no de calamidad, a fin de darles un futuro y una esperanza.

Jeremías 29.11

Señor, Tú conoces los planes que tienes para mí. Tú ves el futuro aunque yo no lo tenga tan claro. Estoy aquí sin saber qué me deparará el mañana, pero Tú nunca tienes dudas. Sabes el número de cabellos que tengo en la cabeza. Conoces mis puntos fuertes y débiles. Me formaste en el vientre de mi madre. Todos los días que has planeado para mi vida están escritos en tu libro. Tú eres mi Creador y mi Sustentador. Tú eres el Gran Yo Soy. Tú eres lo que necesito en cada momento. Tú eres mi Rey de Gloria y mi Príncipe de Paz. Tú eres el Pan de Vida que me sustenta. Eres maná del cielo, día a día. Satisfaces mis necesidades y me muestras siempre los siguientes pasos. No me revelas más de lo que puedo manejar. Tú iluminas mi próximo paso, y yo lo doy con fe en que Tú me dirigirás cuando llegue el momento de dar otro. Encuentro gran serenidad en saber que Tú vas delante de mí, que Tú conoces los planes, porque Tú eres quien los hizo. Te amo, Señor. En el nombre de Jesús, amén.

Dios está conmigo

Porque el Señor tu Dios, está en medio de ti como poderoso guerrero que salva. Se deleitará en ti con gozo, te renovará con su amor, se alegrará por ti con cantos.

Sofonías 3.17

Padre celestial, cuando leo en Sofonías que Tú te alegrarás por mí con cantos, encuentro paz. El Señor, mi Dios, está conmigo. Es una promesa maravillosa. Hay tantas religiones vacías. La gente adora estatuas que no tienen vida y que no les ofrecen vida. Siguen a una multitud de dioses con *d* minúscula, ignorando por completo al único Dios verdadero. Tú eres soberano sobre todas las cosas. Tú creaste el mundo y soplaste tu aliento al hombre. Tú eres el Guerrero Poderoso que nos salva de Satanás, a quien le encantaría robar y matar y destruir para meterse en nuestras vidas. Los creyentes en Cristo no tenemos nada que temer porque Tú siempre luchas por nosotros. Hay batallas en las esferas espirituales que no puedo ver. Tú defiendes a los tuyos contra el maligno. Cuando siento que empiezo a temer el futuro y todas las incertidumbres de la vida, vuelvo a fijar mis ojos en Jesús. Lo veo allí en la cruz, muriendo por mi pecado. Ese tipo de amor es maravillosamente insondable. No se encuentra en los becerros de oro. No lo ofrecen ni Alá ni Mahoma. No está disponible en el templo budista ni en la mezquita. Solo procede del único Dios verdadero. Me dirijo a Ti ahora, con fe, ante un futuro muy incierto. Y me aferro a mi segurísimo Dios. En el nombre de Jesús, amén.

Dios tiene grandes planes para mí

Sin embargo, como está escrito:
«Ningún ojo ha visto,
ningún oído ha escuchado,
ningún corazón ha concebido
lo que Dios ha preparado para quienes lo aman».

1 Corintios 2.9

Padre, no puedo ver lo que me espera, pero ¿por qué doy por sentado que es algo malo? Tu Palabra me renueva hoy. Me promete que ningún ojo ha visto, ningún oído ha oído, ninguna mente humana ha concebido las cosas que Tú has preparado para los que te aman. ¡Tremendo! Pienso en la Navidad cuando era niña. Me acostaba despierta e intentaba imaginar lo que Papá Noel me traería y colocaría bajo el árbol. ¡No podía ni imaginármelo! Y cuánto más grandes son las cosas maravillosas que Tú has planeado para mí, Dios Eterno. Cuando miro tu universo, veo la obra de tus manos. La veo en las magníficas puestas de sol y en los gloriosos amaneceres. Pintas arcoíris en el cielo. Has salpicado la tierra de cascadas caudalosas y animales de todo tipo diseñados con gran creatividad. ¡Tienes una imaginación desbocada, Padre! ¡Y pensar que tienes planes tan maravillosos y emocionantes para mí! Puedo estar tranquila, recordando que el futuro —mi futuro— está en tus poderosas manos. En el nombre de Jesús, amén.

Amar profundamente

Sobre todo, ámense los unos a los otros profundamente, porque el amor cubre muchísimos pecados.

1 Pedro 4.8

Dios, leo en tu Palabra que Tú eres amor. Yo personalmente he experimentado tu amor eterno, tu sublime gracia. Sin embargo, a veces me cuesta amar a mi marido. Al principio todo era tan fácil. Fue divertido elegir el vestido de novia, y la boda fue preciosa. Ahora se ha instalado la realidad del día a día. No todo es tan glamuroso como parece en las fotos del gran álbum blanco que tenemos en la mesita. El amor es difícil. Exige mucho de mí. Pero cuando amo como es debido a mi esposo, me siento muy bien. Cuando miro más allá de sus pequeños defectos y recuerdo la bendición de hombre que has puesto en mi vida para que sea mi esposo... Cuando perdono... Cuando le sirvo y satisfago sus necesidades... Cuando lo veo como Tú lo ves: sin culpa, irreprochable, justo, perdonado y libre... porque es hijo tuyo, salvado por la misma gracia que Tú has derramado sobre mí. Ayúdame a amar profundamente a mi marido, porque el amor cubre multitud de pecados. Él no es perfecto; ¡yo tampoco! Pero lo amaré. Y al hacerlo, te amaré a Ti, Señor. En el nombre de Jesús, te pido que me ayudes a amar profundamente más allá del cuento de hadas, en las trincheras del matrimonio, amén.

Ser uno

Y los dos llegarán a ser uno solo. Así que ya no son dos, sino uno solo.

Marcos 10.8

El matrimonio es un misterio, Dios: el misterio de dos que se convierten en uno. A veces siento el vínculo más fuerte con mi marido. Entiendo que ahora somos uno. Sin embargo, a menudo me siento muy, muy separada de él. No siempre me entiende. No presta atención a los detalles en los que me gustaría que se fijara. Actúa de un modo que me frustra. Recuérdame, Señor, en esos momentos, que este hombre ya no es una entidad aparte, sino parte de mí. Es mi marido, para bien o para mal, todos los días de mi vida. Sé que cuando le honro, te honro a Ti. Y sé que mi matrimonio tendrá más paz cuando me esfuerce en él con todo mi corazón. Debo aceptar sus debilidades y potenciar sus puntos fuertes. Debo animarle y respetarle, porque un hombre necesita que su mujer le respete y le ensalce. Debo procurar amarle como me amo a mí misma, pues él es la otra parte de mi corazón. Gracias por mi esposo, Padre, y por la unidad que compartimos. Que nuestro vínculo sea siempre uno que te honre. Te lo pido en el nombre de Jesús, amén.

Mi marido

Por eso dejará el hombre a su padre y a su madre, se unirá a su mujer, y los dos llegarán a ser uno solo.

Efesios 5.31

Padre celestial, sé que ahora que estoy casada debo verdaderamente «dejar» a mis padres. Son tan importantes para mí; pero a veces, cuando dependo demasiado de ellos, eso me aleja de mi matrimonio. Tensa la relación entre mi marido y yo. Ayúdame a recordar que mi marido va primero. Debo recordar a diario lo que significa dejar y adherirse. He dejado a mi familia de origen. Aunque siguen siendo muy importantes para mí y siempre debo honrar a mis padres, necesito trazar una línea infranqueable en lo que respecta, por ejemplo, a la toma de decisiones. Mi marido va por delante ahora. Él es mi guía. Es a él a quien apoyaré y con quien estaré de acuerdo. Ayúdame a hacerlo con gracia. Muéstrame cómo honrar a mi madre y a mi padre y a la vez dejar claro que mi esposo va primero. Te lo pido en el nombre de Jesús, amén.

Una esposa ideal

¿Quién encontrará a una mujer ideal?
Vale mucho más que las piedras preciosas.
Su marido confía plenamente en ella
y no le faltan ganancias.
Le da beneficios sin mengua
todos los días de su vida.

Proverbios 31.10-12 BLPH

Padre celestial, ayúdame a ser una esposa como la descrita en Proverbios 31. Sé que mi casa será un lugar más tranquilo cuando esté llena de amor entre mi marido y yo. Nosotros marcamos la pauta en nuestra familia: nuestros hijos nos miran como ejemplo. Algún día sus matrimonios se parecerán al nuestro, porque es el modelo que están viendo. Haz que ame y respete a mi esposo. Quiero ser una esposa excelente, que cuando ve una necesidad, la satisface sin que nadie se lo pida. Quiero andar la milla extra en mi matrimonio. Quiero hacer el bien a mi marido todos los días de nuestra vida. A veces tengo la tentación de ser egoísta. Me fijo en mis propias necesidades antes de fijarme en las suyas. Debo aprender a dejar de lado el egoísmo y ser desinteresada para tener un matrimonio fuerte. Ayúdame, Señor. Te lo pido en el nombre de Jesús, amén.

Elogios de mi marido

Sus hijos se apresuran a felicitarla
y su marido entona su alabanza:
«Muchas mujeres han hecho proezas,
¡pero tú las superas a todas!».
Engañoso es el encanto y fugaz la belleza;
la mujer que respeta al Señor es digna de alabanza.

Proverbios 31.28-30 BLPH

Dios, ayúdame a no depender de los elogios de mi marido. Ayúdame a ser una buena esposa que ama, sirve y da sin estar pendiente de la reacción de él. Es maravilloso cuando se fija en mí y me elogia, pero en última instancia no puedo depender de eso. Debo aprender a procurar simplemente honrarlo a él y a Ti. Tú eres el que más importa. Lo que hago es ante ustedes dos. Tú eres mi Dios. Espero ser una esposa de la que mi marido esté orgulloso, con la que se sienta feliz de volver a casa al final de su jornada. Te pido que me des la sabiduría para saber cuándo iniciar conversaciones y cuándo guardar silencio. Te pido que me muestres los puntos fuertes de mi esposo para que pueda alabarlo en esas áreas. Te pido que me reveles las áreas en las que puede sentirse inseguro o «insuficiente», para que yo pueda reafirmarlo y edificarlo. Hazme mejor esposa cada día, te lo ruego en el nombre de Jesús, amén.

Amor

El amor es paciente, es bondadoso. El amor no es envidioso ni jactancioso ni orgulloso. No se comporta con rudeza, no es egoísta, no se enoja fácilmente, no guarda rencor. El amor no se deleita en la maldad, sino que se regocija con la verdad. Todo lo disculpa, todo lo cree, todo lo espera, todo lo soporta. El amor jamás se extingue.

1 Corintios 13.4-8

Padre celestial, quiero que en mi hogar el amor se parezca al de 1 Corintios. Ayúdame a amar con paciencia. Cuando mi esposo me frustra, ayúdame a morderme la lengua. Ayúdame a no tener celos. A decir verdad, a veces pienso que él lo tiene más fácil que yo. Yo hago malabarismos con tantos roles, y él pone su empeño en su trabajo. Siento que tengo que ser Superwoman y empiezo a tener resentimiento. Somete esta emoción en mí, Padre. Quiero que mi corazón honre a mi marido. Ayúdame a no ser egoísta. Cuando me enoje, ayúdame a encontrar formas sanas de gestionarlo. Deseo con todas mis fuerzas decir no al pecado cuanto esté enojada. Señor, le doy mucha importancia a llevar un registro de agravios. Cada vez que discutimos, tiendo a sacar a colación lo que hizo mal «la última vez». Por favor, ayúdame a eliminar las palabras negativas de mi vocabulario; no contribuyen a mejorar ni a fortalecer la relación con mi cónyuge. Haz que en mi matrimonio haya un amor profundo y duradero, que proteja, confíe, espere y persevere. Un amor que nunca falla. Te lo pido en el nombre de Jesús, amén.

Dios es mi esposo

Porque el que te hizo es tu esposo;
su nombre es el Señor de los Ejércitos.
Tu Redentor es el Santo de Israel;
¡Dios de toda la tierra es su nombre!

Isaías 54.5

Ser soltera no siempre es fácil, Señor. Ya lo sabes. Tú eras soltero cuando anduviste por este mundo. Ya sabes las luchas que tengo. Tú me ves cuando estoy sola. Oyes mi llanto en esos momentos en que me siento tan... sola. No es un camino fácil, pero tampoco lo es el matrimonio. Sea como sea, casadas o solteras, debemos confiar en Ti. Y así, en este tiempo de soltería, sé Tú mi esposo. Consuélame. Escúchame. Abrázame. Recuérdame tu profundo y permanente amor por mí. Provee lo que necesito, te lo ruego. Por favor, envíame recordatorios constantes de que nunca estoy sola. Tú me prometes en tu Palabra que nunca me dejarás. Gracias por amarme tanto. En el nombre de Jesús, amén.

Una madre sabia

Hijo mío, obedece el mandamiento de tu padre
y no abandones la enseñanza de tu madre.
Grábatelos en el corazón; cuélgatelos al cuello.
PROVERBIOS 6.20-21

Padre celestial, te pido que me hagas una madre sabia. Quiero criar a mis hijos de una manera que te honre en todo momento. Ruego que me enseñes cuándo y cómo disciplinar a mis hijos. Necesitan instrucción y aprender a distinguir el bien del mal. Nos has dado esa tarea a su padre y a mí, y te pido que tu sabiduría nos guíe. Quiero que mi hogar sea un lugar de paz y amor. Quiero que mis hijos crezcan aprendiendo a ser personas respetuosas y amables que te amen y te sirvan con su vida. Sé que a menudo no soy mejor el ejemplo y que ellos aprenden mucho observándome. Quiero que, cuando me vean como su mamá, mis hijos aprendan buenas lecciones de valores y no la forma incorrecta de reaccionar o gestionar los problemas. Padre, te ruego que sea una buena madre. Te pido que me bendigas y me muestres tu favor en este rol que me has confiado. Te lo pido en el nombre de Jesús, amén.

Educar a mis hijos

Dale buena educación al niño de hoy,
y el viejo de mañana jamás la abandonará.
Proverbios 22.6 dhh

Amado Dios, Tú eres siempre fiel para indicarme la dirección correcta en la vida. Ahora te pido que me ayudes a guiar a mis hijos por el buen camino. Necesito sabiduría sobre cómo criarlos para que sean jóvenes piadosos. Durante su crecimiento, me comprometo a enseñarles tus Escrituras. Les enseñaré la importancia de la oración. Seguiré llevándolos a la iglesia, mostrándoles la importancia de reunirse en comunidad con otros creyentes. Son cosas que todo cristiano debe aprender y poner en práctica. Te ruego que protejas a mis hijos mientras crecen. Te ruego que nunca se aparten de tu lado, sino que te sean fieles todos los días de su vida. Me encanta la promesa de Proverbios que dice que no abandonarán la verdad si los educamos en ella. Sé que a veces se desvían del camino correcto; son humanos, igual que yo. ¡Yo también he cometido errores! Pero te pido que aprendan a escuchar tu voz y que esta destaque fuerte y clara por encima de las otras voces que los llaman. Tú eres su Buen Pastor. Guíalos y protégelos, Señor. En el nombre de Jesús te lo pido, amén.

Un hogar tranquilo

Mi pueblo vivirá en un lugar pacífico,
en habitaciones seguras,
en residencias tranquilas.

Isaías 32.18 dhh

Amado Dios, haz que mi hogar sea un refugio para mi familia y para todos los que entran por sus puertas. Para nosotros es mucho más que paredes. Es donde reímos y lloramos. Es un refugio contra las tormentas de la vida. Es donde nos reunimos para comer y dormir. Aquí trabajamos y jugamos. Queremos que este hogar te honre. Padre, durante la crianza de nuestros hijos, te pido una bendición especial para este hogar. Te pido que sepan que es un lugar seguro para ellos. Te ruego que siempre se sientan cómodos compartiendo sus cargas con mi marido y conmigo. Quiero que sepan que pueden acudir a nosotros con cualquier cosa, que siempre estamos aquí para ellos. Aunque no tengamos respuestas a sus preguntas ni soluciones a sus problemas, podemos escucharles y ayudarles. Juntos, contigo en nuestras vidas, podemos manejar cualquier situación. Por favor, haz que nuestro hogar sea siempre un lugar de paz, descanso y seguridad. Gracias por nuestro hogar, y te pido que nuestros hijos se sientan siempre seguros y amados aquí. Te lo pido en el nombre de Jesús, amén.

Disciplinar a mis hijos

Vara y corrección dan sabiduría,
muchacho consentido avergüenza a su madre.

Proverbios 29.15 BLPH

Padre celestial, quiero que mis hijos me amen. Quiero que rían más de lo que lloran. Prefiero decir sí a decir no. Pero me doy cuenta de que la disciplina es muy importante. Ayúdame a dejar el deseo de ser la amiga o favorita de mis hijos. Ayúdame a reemplazar esto por un justo deseo de criarlos apropiadamente en los caminos que Tú has puesto ante mí como madre. Mis hijos necesitan límites. Tienen que aprender lo que está bien y lo que está mal. Les causo un gran daño si no los disciplino. Si dejo que mis hijos hagan lo que quieran, correrán un grave peligro, no solo físico, sino también emocional y espiritual. Dame dirección, Señor. Muéstrame cómo disciplinarlos para que tengan una vida de paz y se mantengan en el buen camino. En el nombre de Jesús te pido ayuda para criar a mis hijos, amén.

Criar hijos piadosos

Incúlquenselas a sus hijos y háblenles de ellas cuando estén en casa y cuando vayan de camino; cuando se acuesten y se levanten.

DEUTERONOMIO 11.19 BLPH

Dios, no soy solo madre... soy maestra. Puede que no tenga estudios formales de educación, pero soy la primera maestra de mis hijos. Mi marido y yo tenemos una gran responsabilidad. Ayúdanos a estar a la altura del papel de padres creyentes. Cada momento es una ocasión de enseñanza para nuestros hijos, Señor. Ayúdanos a no tomar nunca el camino fácil. Ayúdanos a dedicar tiempo a instruir a nuestros hijos en tus caminos y en tu Palabra. Que durante el paso por nuestros días y noches les enseñemos adecuadamente. Cuando nuestros hijos se enfrenten a dificultades, ayúdanos a decirles la verdad que necesitan. Cuando experimenten la alegría, ayúdanos a acordarnos de darte toda la gloria, para que ellos hagan lo mismo. Cuando nos reunamos en torno a nuestra mesa, que se lea tu Palabra. Que se comenten tus preceptos. Que enseñemos a nuestros hijos y los eduquemos de tal manera que Tú seas grandemente honrado a través de sus decisiones y de sus vidas. Te lo pido en el nombre de Jesús, amén.

Dedicar nuestros hijos a Dios

Este es el niño que pedía y el Señor me ha concedido la petición que le hice. Ahora se lo entrego al Señor para que sea suyo de por vida.

1 SAMUEL 1.27-28 BLPH

Así como Ana te dedicó a Samuel, Padre celestial, yo te dedico a mis hijos. Los presento ante Ti a cada uno por su nombre. Mi marido y yo deseábamos tener hijos. Te pedimos que nos bendijeras con una familia, y Tú respondiste a nuestras oraciones. Nos has dado los hijos que querías que tuviéramos. Los has puesto a nuestro cuidado, y ahora te los presentamos. Criaremos a tus niños, Señor. Cuidaremos de ellos. Les enseñaremos tu gran amor y que Tú los creaste como seres únicos a tu imagen. Los instruiremos en las Sagradas Escrituras. Les enseñaremos a vivir. Nos consagramos —nosotros y toda nuestra familia— a Ti, Dios. Danos sabiduría durante la crianza de estos niños. Que nuestro hogar se llene de alegría y risas. Que refleje el amor eterno que Tú tienes por cada uno de nosotros. Que seamos una familia conocida por llevarse bien; y cuando nos pregunten qué es lo que hace diferente a nuestra familia, que nuestra rápida respuesta sea siempre «Jesús». Lo pedimos en su nombre, amén.

Obediencia

Ustedes, hijos, obedezcan a sus padres sin reservas,
pues eso es lo que agrada al Señor.

COLOSENSES 3.20 BLPH

Dios, la obediencia es un problema en nuestro hogar. Lo reconozco. ¡Tú lo ves todo! No puedo ocultártelo. Mis hijos desobedecen, y estamos trabajando en ello. Conozco la importancia de enseñarles a obedecernos. Si no aprenden a obedecer a sus padres terrenales, ¿cómo aprenderán a someterse a su Padre celestial? Danos sabiduría, Padre, en las mejores maneras de enseñarles y disciplinarles. Necesitamos recuperar la paz en nuestro hogar. Hay tantas discusiones que se nos va de las manos. A veces la lucha es tan horrible que solo queremos rendirnos. ¡Nos gustaría dejarles hacer lo que quieran! Pero tanto mi marido como yo sabemos que, aunque nuestros hijos tengan un carácter fuerte, debemos educarlos para que nos obedezcan. Somos la autoridad que Tú has puesto sobre ellos, y nos corresponde enseñarles a obedecer. Padre, te pido paz. Pido una transformación en el corazón de mis hijos. Te pido que entiendan que las cosas que les mandamos son por su bien. Ayúdales a saber que estamos de su lado. Por favor, ayúdanos con el tema de la desobediencia en nuestro hogar. Te necesitamos, Señor. Te lo pido en el nombre de Jesús, amén.

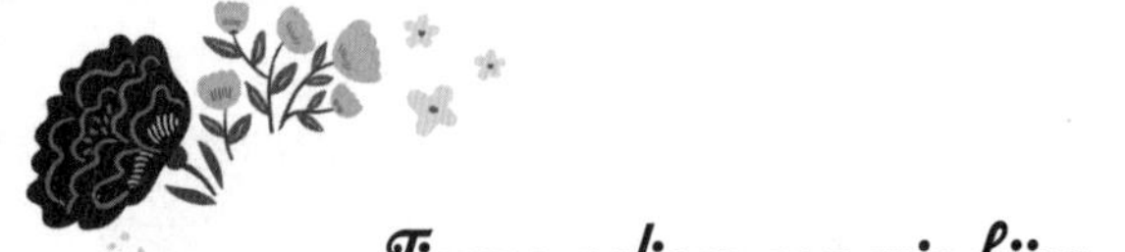

Tiempo valioso con mis hijos

Pero Jesús dijo:
—Dejen que los niños vengan a mí y no se lo impidan, porque el reino de los cielos es para los que son como ellos.

MATEO 19.14 BLPH

Padre, dame más tiempo con mis hijos. Crecen muy deprisa. Algunos de mis momentos favoritos son justo antes de acostarnos, cuando leemos y nos acurrucamos juntos. Ayúdame a sacar tiempo para esto. Muéstrame la importancia de tener a mis hijos cerca de mí. Tú amabas a los pequeños. Reprendiste a tus discípulos cuando intentaron echar a aquel grupo de niños. Tú te acercaste a los niños. Los abrazabas y hablabas con ellos. Tú los querías. Los apreciabas. Recuérdame cada día que estos niños con los que me has bendecido son tesoros. Valen más que cualquier proyecto o plazo de entrega del trabajo. Significan mucho para mí. Ayúdame a no descuidar nunca mi tiempo con ellos. Multiplica mi tiempo, te lo ruego. Tengo mucho que hacer; no se puede negar que mi lista de tareas es larga. Pero ayúdame a priorizar el tiempo dedicado a mis hijos. Te doy gracias por mis hijos, y te pido que siempre estemos cerca. En el nombre de Jesús, amén.

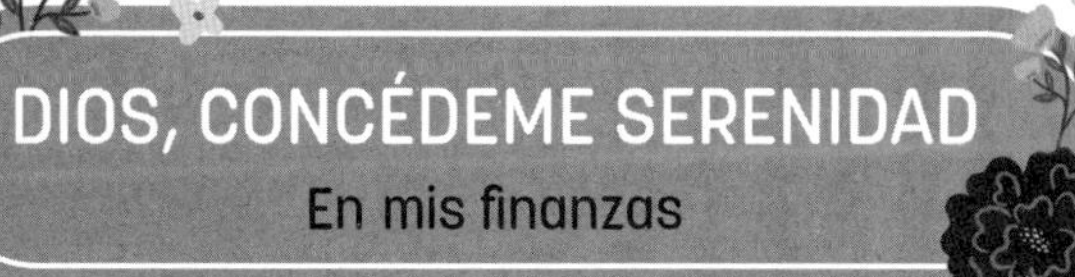

DIOS, CONCÉDEME SERENIDAD

En mis finanzas

Protección contra la codicia

Porque el amor al dinero es la raíz de toda clase de males. Por codiciarlo, algunos se han desviado de la fe y se han causado muchísimos sinsabores.

1 Timoteo 6.10

Padre celestial, gracias por bendecirme financieramente. Gracias por mi trabajo y por poder pagar mis facturas. Gracias por mantener a mi familia. Ayúdame a ver siempre el dinero como un recurso y no como un tesoro que hay que acumular. Quiero usar todos mis recursos, incluidos los financieros, para tu reino. Cuando vea una necesidad, quiero ser libre para satisfacerla. Señor, muéstrame oportunidades para bendecir a otros. Gracias por mi iglesia y por la bendición del diezmo. A través de mi iglesia, puedo saber que mis ofrendas se utilizan de forma responsable. Te ruego que bendigas siempre esta área de mi vida y me recuerdes que debo ser generosa con los recursos que me das. Por favor, protégeme siempre del amor al dinero, que es la raíz de muchos males. Te lo pido en el nombre de Jesús, amén.

Orientación en las decisiones financieras

El dinero mal habido pronto se acaba; quien ahorra, poco a poco se enriquece.

PROVERBIOS 13.11

Dios, conozco a mucha gente que sigue esos esquemas de enriquecimiento rápido. Se esfuerzan por ganar dinero rápido; pero al final, sé que eso solo los llevará a la destrucción y al endeudamiento. Ayúdame a ser siempre prudente a la hora de ganar, ahorrar y gastar dinero. Gracias por los sabios asesores financieros que están ahí para orientarme en mis decisiones. Gracias por guiarme para saber a qué organizaciones y personas a las que debo apoyar económicamente. Padre, te pido que me bendigas con ideas sobre cómo invertir. Muéstrame también cuándo debo abrir un poco el puño y ser más generosa. Tú eres el dador de todos los buenos dones. Todo lo que tengo viene de Ti. Recuérdame esto y no dejes nunca que me aferre demasiado a ninguna cosa terrenal, incluido el dinero. Te lo pido en el nombre de Jesús, amén.

Tesoros del cielo

No acumulen para sí tesoros en la tierra, donde la polilla y el óxido destruyen, y donde los ladrones se meten a robar. Más bien, acumulen para sí tesoros en el cielo, donde ni la polilla ni el óxido carcomen, ni los ladrones se meten a robar.

MATEO 6.19-20

Padre celestial, te pido que me ayudes a mantener mis prioridades en cuanto a mis finanzas. Podría trabajar toda mi vida para acumular más dinero en el banco. Podría guardarlo todo y acumularlo para un día malo, pero puede que ese día nunca llegue. Y no puedo llevarme el dinero al cielo... así que ayúdame a acumular tesoros en el cielo. Ayúdame a que mis inversiones reales sean en las personas, las relaciones y el servicio. Ayuda a que mis tesoros sean dedicar el tiempo a lo que debo y compartir las Escrituras. Ayúdame a poner la mira en las cosas celestiales más de lo que me preocupo por las terrenales. Bendíceme en mis finanzas, te lo ruego; pero sobre todo deseo de me bendigas en las cosas de valor de tu economía. Tu economía es muy diferente de la de este mundo loco y patas arriba en el que vivo. Que mis tesoros estén siempre guardados en el cielo, donde tendrán valor eterno. En el nombre de Cristo, amén.

El amor al dinero

Quien ama el dinero, de dinero no se sacia. Quien ama las riquezas nunca tiene suficiente. ¡También esto es vanidad!

ECLESIASTÉS 5.10

Dios, te amo. Amo tu mundo y a tu pueblo. Me encantan los atardeceres y amaneceres pintados por tus manos, que son obras maestras para que tus hijos las disfruten. Amo tu Palabra, llena de sabiduría y verdad, que me enseña y corrige cada día de mi vida. Amo a Jesús, que murió en la cruz por mis pecados. Amo a mi familia y a mis amigos, las personas que elegiste Tú para enriquecer mi vida. Amo las estaciones del año y cómo me recuerdan que Tú siempre tienes el control y que eres un Dios de orden. Pero no amo el dinero. Claro, puedo comprar cosas que mi familia necesita. Puedo apadrinar a un niño que se muere de hambre en África. Puedo enviar a un misionero al extranjero. Puedo dar una comida en el nombre de Jesús. Pero es solo un recurso, nada más que una herramienta. Por favor, ¡ayúdame a no enamorarme nunca del dinero! Cuando alguien ama el dinero, siempre quiere más. Ayúdame a estar siempre contenta y agradecida por todo el dinero que me des. Y ayúdame a usarlo sabiamente. Te lo pido en el nombre de Jesús, amén.

Servir a Dios, no al dinero

Nadie puede servir a dos señores, pues menospreciará a uno y amará al otro o querrá mucho a uno y despreciará al otro. Ustedes no pueden servir a la vez a Dios y a las riquezas.

Mateo 6.24

Padre celestial, Tú eres mi Señor. Solo Tú. Quiero seguir tus pasos y caminar por tus sendas. Veo a los que andan tras el dinero. Lo han convertido en su dios. Lo adoran y lo buscan. Cuando lo encuentran, lo devoran. Y, para ellos, nunca hay suficiente. Cuanto más consiguen, más hambre de él tienen. El círculo vicioso no tiene fin. Cuando las cosas van bien y el dinero abunda, son felices. Cuando corren malos tiempos y el dinero escasea, caen en la depresión. Si el mundo entero de una persona se construye sobre la base monedas y billetes, es seguro que se desmoronará. Por favor, ayúdame a mantener siempre mis prioridades en lo que respecta al dinero. Gracias por proporcionarme el dinero que necesito para mantener a mi familia. Gracias por la profunda paz que encuentro al saber que Tú eres mi Dios y que el dinero no es más que una herramienta que Tú me das. Te lo pido en el nombre de Jesús, amén.

Una ofrenda extravagante

Estando Jesús en Betania, en casa de Simón, que había tenido una enfermedad en su piel, se acercó una mujer con un frasco de alabastro lleno de un perfume muy caro, y lo derramó sobre la cabeza de Jesús mientras él estaba sentado a la mesa.

MATEO 26.6-7

Padre celestial, los discípulos vieron el regalo de esta mujer como un despilfarro. Ella, que derramó un perfume caro sobre tu cabeza, estaba expresando su gran amor por Ti. Te estaba ungiendo. Había guardado lo mejor para su Señor. Sin embargo, la regañaron por su extravagante ofrenda. Pero Tú los corregiste. Les dijiste a tus seguidores que ella había hecho lo correcto. Les dijiste que los pobres siempre estarían ahí, pero que Tú ibas a partir pronto. ¡Cómo quisiera haber actuado como la mujer y no como los discípulos! Espero que lo mejor de mí lo guarde siempre para mi Señor. ¡Espero no dudar ni un segundo cuando hay poseo alguna ofrenda que podría serte útil, Padre! Enséñame a no aferrarme al dinero ni a las posesiones. No son lo importante. Muéstrame que aunque a veces pueda parecer más práctico utilizar el dinero de una determinada manera, Tú puedes llamarme a darle un uso especial. Así como esta mujer derramó el perfume sobre tu cabeza, que yo esté preparada para dar lo que se me indique. En el nombre de Jesús, amén.

Paz en las finanzas

No te comprometas por otros
ni salgas fiador de deudas ajenas;
porque, si no tienes con qué pagar,
te quitarán hasta la cama en que duermes.

PROVERBIOS 22.26-27

Padre celestial, te ruego que me guíes en mis decisiones financieras. Dame sabiduría, te lo ruego, para saber si debo pedir un préstamo, cómo saldar una deuda pronto y otros asuntos económicos que enfrento a diario. Dios, sé que lo mejor es mantener un control estricto. Sé que es mejor pagar en efectivo. Muéstrame cómo actuar según estos principios. Una vida sin deudas ofrece una gran paz y serenidad. Vivir bajo el peso de las deudas nunca es divertido. Sé que en tu Palabra dices que la única deuda que debe quedar entre dos personas es la del amor. Debería esforzarme por no deber nada en términos de dinero. Ayúdame a encontrar cómo liberarme de las deudas y mantenerme así para que pueda ser más generosa en mis ofrendas. Enséñame tus principios, Señor. Guíame hacia consejos sabios que puedan ayudarme a controlar mis finanzas. Quiero que esta área de mi vida esté en sintonía con tus estatutos. Quiero honrarte con mis finanzas y encontrar la paz financiera. Te lo pido en el nombre de Jesús, amén.

Vivir sin deudas

No tengan deudas pendientes con nadie a no ser la de amarse unos a otros. De hecho, quien ama al prójimo ha cumplido la Ley.

Romanos 13.8

Padre celestial, no siempre he sido sabia con el dinero. Te ruego que me guíes y me muestres cómo distribuir mi dinero para que pueda pagar las deudas. Realmente quiero estar libre de deudas para poder honrarte en esta área de mi vida. Parece tan difícil vivir acorde a mis posibilidades, pero sé que es posible si me lo propongo. No es bueno tener deudas rondando por mi cabeza. Sé que cuando me libere de las deudas, estaré abriendo mi mundo a un nuevo nivel de paz. Todo el tiempo que paso preocupándome por el dinero puedo dedicarlo a servirte y a mostrar amor a los que me rodean. Tendré más dinero para donar a buenas causas. Podré apoyar mejor a tu iglesia. Te pido que me ayudes a salir pronto de mis deudas. Gracias, Padre, por escuchar mi oración. Sé que Tú me ayudarás. Te lo pido en el nombre de Jesús, amén.

Valor para afrontar el cambio

Sean fuertes y valientes. No teman ni se asusten ante esas naciones, porque el Señor *su Dios siempre los acompañará; nunca los dejará ni los abandonará.*

Deuteronomio 31.6

Dios, el cambio da miedo. Estaba acostumbrada a la antigua normalidad, pero ahora hay una nueva normalidad. Pero aún no me parece «normal» te pido valor y fuerza para afrontar los cambios en mi vida. Necesito sentirte cercano en este momento. Al salir de mi zona de confort, te pido que me des una paz que sobrepasa todo entendimiento. En los momentos en que me siento abrumada, te ruego que me recuerdes que las transiciones son muy demandantes. Lleva tiempo acostumbrarse. Pronto recordaré este cambio y podré ver su parte buena. El cambio no es fácil, pero siempre hay bendiciones en él. Como si fuera una niña buscando guijarros especiales en el patio del colegio, guíame hasta las piedras preciosas de esta transición. Ayúdame a valorar lo nuevo y a desprenderme un poco de lo viejo. Quiero atesorar los recuerdos de lo que fue, al tiempo que abrazo lo que ha llegado a ser. Gracias por el cambio, Señor, y por acompañarme a través de él. Te lo pido en el nombre de Jesús, amén.

La hora del cambio

Todo tiene su momento oportuno;
hay tiempo para todo lo que se hace bajo el cielo.
ECLESIASTÉS 3.1

Hay un tiempo para todo, Dios. Tú lo dejas muy claro en tu Palabra. Este cambio en mi vida no era nada inesperado para Ti. Lo tenías en tus planes. Sabías que me resultaría difícil, pero también conoces el resultado. Tú ves por anticipado un año... cinco años... diez años en mi futuro. Tú conoces las bendiciones y los beneficios de esta transición, mientras que yo solo puedo ver el momento. Ves todo el rompecabezas, y cómo cada pieza encaja y cumple su función en la imagen final. Ayúdame a recordar que hay un tiempo para cada cosa, tal como se nos enseña en Eclesiastés. Tú me creaste. Tú sabes los planes que tienes para mí. Cada día que voy a vivir ha sido ordenado por Ti. Ten paciencia conmigo en mi debilidad, pues el cambio siempre me resulta difícil, Señor. Trae sobre mí una paz inexplicable. Trae descanso a mi alma cansada, y ayúdame —en este momento— a ceder el control. Ayúdame a darme cuenta de que sirvo a un Dios soberano que no ha cometido ningún error ni ha quitado su mano de mi vida ni por un segundo. Tú estás en este cambio, Señor. Ayúdame a abrazarlo. Te lo pido en el nombre de Jesús, amén.

Jesús nunca cambia

Jesucristo es el mismo ayer, hoy y por siempre.

Hebreos 13.8

Jesús, Tú eres siempre el mismo. Tú no has cambiado. Cuando todo a mi alrededor se altera, Tú permaneces. Eres firme. Eres el mismo ayer, hoy y mañana. Eres bueno. Tú estás por encima y delante de todas las cosas. Por medio de Ti forman un todo coherente. Ayúdame a reflexionar sobre estas verdades y a descansar en Ti. Puede que sienta que mi mundo gira fuera de control, pero Tú estás aquí conmigo. Y nunca me dejarás. Este cambio en mi mundo no cambia quién eres Tú, mi Salvador. Que en los momentos de inseguridad me aferre a Ti, Roca mía y mi Redentor. Tú eres una poderosa fortaleza. Gracias por ayudarme a saber y comprender que Tú nunca cambiarás y que nunca me abandonarás. ¡Esto es un gran consuelo! Puedo estar tranquila sabiendo que Tú sigues aquí y que siempre estarás a mi lado. Te lo entrego todo a Ti, Jesús. Este cambio. Esta incertidumbre. Esta preocupación. Ayúdame a adaptarme bien, Padre. Ayúdame a cederte el control. ¡Eres más que poderoso para manejar esto por mí! Lo pido en tu nombre, amén.

Dios abre un camino

¡Voy a hacer algo nuevo!
Ya está sucediendo, ¿no se dan cuenta?
Estoy abriendo un camino en el desierto
y ríos en lugares desolados.

Isaías 43.19

Señor, Tú eres un Dios de lo inesperado. Provocas cambios con los que no contamos, pero que nos vienen como anillo al dedo. Nos conoces individualmente. Conoces nuestros puntos fuertes y débiles. Tú ves nuestras necesidades. Abres un camino donde, francamente, a veces parece que no lo hay. Creas ríos en lugares desolados. Abres un camino en el desierto. Aunque este es un territorio desconocido para mí, Tú ya has estado aquí. Tú has hecho tus preparativos para que yo llegue a este lugar en la vida. Tú me conoces, y sabes todo sobre este cambio. Caminaré contigo, Padre. Me aferraré a tu mano fuerte y dejaré que me guíes por este terreno. Caminaré cuando Tú digas que camine y correré cuando Tú digas que corra. Creo de todo corazón que, aunque el cambio me parezca un callejón sin salida o un desvío equivocado, hay algo bueno en él. Tú conoces los planes que tienes para mí, y siempre son lo mejor. Gracias, Dios, por cuidarme siempre. En el nombre de Cristo, amén.

No te desanimes

Por tanto, no nos desanimamos. Al contrario, aunque por fuera nos vamos desgastando, por dentro nos vamos renovando día tras día. Pues los sufrimientos ligeros y efímeros que ahora padecemos producen una gloria eterna que vale muchísimo más que todo sufrimiento. Así que no nos fijamos en lo visible, sino en lo invisible, ya que lo que se ve es pasajero, mientras que lo que no se ve es eterno.

2 Corintios 4.16-18

Dios, este cambio es duro. Siento que no voy a poder superarlo. Es abrumador. A veces siento que exiges demasiado de mí. Ya me he enfrentado antes a la transición, pero esta vez no sé si podré llegar al otro lado. Tu Palabra me dice que no me desanime. Tu Palabra me asegura que Tú estás ahí, justo en medio de este cambio que parece ser demasiado para mí. Renuévame día a día, Señor. A veces necesito esa renovación con más frecuencia, hora a hora, incluso momento a momento. Sé que Tú puedes ayudarme. Sé que esta lucha es temporal. Con el tiempo, pasará. Y este cambio, esta transición, esta «novedad» que sustituye a lo familiar, tiene un propósito. Puedo confiar en que Tú no lo vas a desperdiciar en mi vida. Lo usarás para mi bien. Ayúdame a no mirar el problema, sino a mirar hacia arriba. Ayúdame a poner los ojos en Jesús, que es el mismo ayer, hoy y siempre. Te lo pido en su nombre, amén.

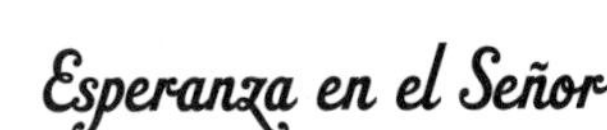

Esperanza en el Señor

Pero algo más me viene a la memoria,
lo cual me llena de esperanza:
Por el gran amor del SEÑOR *no hemos sido consumidos*
y su compasión jamás se agota.
Cada mañana se renuevan sus bondades;
¡muy grande es su fidelidad!

LAMENTACIONES 3.21-23

Padre, Tú eres fiel. En todos los cambios que debo soportar, Tú eres fiel. Tú no cambias como las sombras oscilantes. Tú permaneces. Quédate conmigo. Tú cantas sobre mí mientras recuesto la cabeza en la almohada y confío en Ti para que me acompañes durante la noche. Este tiempo no es fácil. Me encuentro en un territorio nuevo y desconocido. Todo me resulta extraño. Ya nada parece normal. Es una sensación de soledad. Extraño lo de antes, que ha quedado sustituido tan repentinamente por lo nuevo. He leído que tus misericordias son nuevas cada mañana. Las necesito, Dios. Necesito experimentar tus misericordias hoy, ahora mismo, Dios. He sido muy autosuficiente en el pasado, pero ahora me postro ante Ti en sumisión. Me doy cuenta de que no puedo superar esto con mis propias fuerzas. Te necesito a todas horas. Muestra tu gracia, Señor. Acompáñame en este cambio como solo Tú puedes hacerlo. En el nombre de Jesús te lo pido... sabiendo que Tú proveerás, amén.

Bendiciones en el cambio

«Porque mis pensamientos no son los de ustedes
ni sus caminos son los míos»,
afirma el Señor.
«Mis caminos y mis pensamientos
son más altos que los de ustedes;
¡más altos que los cielos sobre la tierra!».

Isaías 55.8-9

Señor, no esperaba tener que enfrentarme a un cambio así justo ahora mismo en mi vida. Desde luego, no es lo que yo quería. Ayúdame a descansar sabiendo que para Ti esto no es una sorpresa. Tus caminos son más altos que los míos, y Tú tienes un propósito para este cambio. Sé que es así, Padre. Yo me sentía muy segura en mis pasos. Estaba avanzando en una dirección cuando, de repente, me encuentro en un nuevo camino. Este entorno me resulta extraño. Los vientos del cambio me han llevado a un nuevo lugar con un nuevo propósito; y sinceramente, me siento perdida. Gracias porque Tú sigues en el trono. Sigues teniendo el control. Tienes planes para mí. Y Tú sacarás algo bueno de esta transición. Puede que este cambio no sea cómodo ni fácil, ni siquiera aplaudido, pero va a salir bien. Porque Tú eres mi Dios, y confío en tus caminos. Tu entendimiento es mucho mayor que el mío. En el nombre de Jesús, te encomiendo este cambio a Ti. Te lo pido en su nombre, amén.

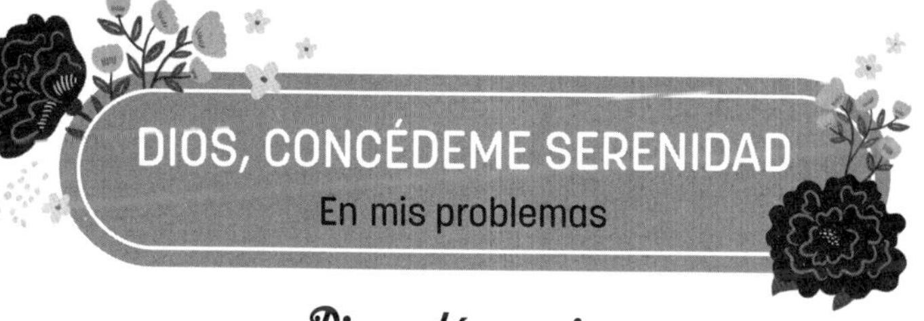

DIOS, CONCÉDEME SERENIDAD

En mis problemas

Dios está conmigo

Así que no temas, porque yo estoy contigo;
no te angusties, porque yo soy tu Dios.
Te fortaleceré y te ayudaré;
te sostendré con la diestra de mi justicia.

ISAÍAS 41.10

Me enfrento a un problema, Padre. Me siento diminuta ante su sombra. Este es uno de esos momentos en los que quiero recostarme en tu pecho y escuchar los latidos de tu corazón. Tu corazón late por mí, Señor, lo sé. Igual que un padre solo quiere proteger a sus hijos del mal, así Tú anhelas protegerme. Tú eres mi Dios. Tienes más fuerza que todos los padres de este mundo juntos. Contigo, no tengo por qué temer. Este problema es grande, Dios. No voy a fingir lo contrario. Siento que es incluso más grande que yo, ¡y probablemente lo sea! Pero no es más grande que Tú, Padre. Dame fuerzas, te lo ruego. Sostenme. Llévame a la batalla día a día hasta que salgamos victoriosos y este desafío quede tendido en el suelo, como el gigante Goliat ante la perfecta puntería del joven David. Puede que se cierna como algo grande ante mí, pero este problema es un juego de niños para Ti. Abordémoslo juntos. Bendíceme con paz y coraje mientras luchamos contra esto, Señor. Te lo pido en el nombre de Jesús, amén.

Paz frente a las luchas

Yo les he dicho estas cosas para que en mí hallen paz. En este mundo afrontarán aflicciones, pero ¡anímense! Yo he vencido al mundo.

Juan 16.33

Jesús, Tú eres el Príncipe de Paz. Y necesito tu paz mientras afronto esta lucha. Es más grande que yo; ¡pero sé que no tiene nada que hacer contra Ti! Me dijiste que en este mundo tendría problemas. Hasta ahora, no había tenido verdaderos problemas. Pero ahora se cruza en mi camino uno como una roca, y no tengo ni idea de cómo moverla. Tanto si quitas la prueba como si me diriges a través de ella, te pido paz en el camino. Puede llevar días, semanas o incluso meses. Puede que dentro de unos años siga enfrentándome a esto. Pero sé que día a día puedo caminar en paz, aunque esta prueba no desaparezca al instante. Tú estás conmigo, y eres plenamente poderoso para afrontar los retos que nos esperan. Gracias por estar siempre conmigo. Gracias por tu seguridad. Estoy muy agradecida de que estemos juntos en esto. En el nombre de Jesús, amén.

Con mis ojos en el Señor

Siempre tengo presente al Señor;
con él a mi derecha, nada me hará caer.

Salmos 16.8

Dios, recuerdo la historia de tu discípulo que se puso a caminar sobre las aguas. Mientras mantuvo sus ojos en Ti, caminó por la superficie del mar. Pero cuando perdió el foco correcto, empezó a hundirse. Tenía que mantener los ojos en Ti para tener éxito. Hay una gran lección para mí en esta historia. Siento que ahora mismo estoy en la mayor lucha de mi vida. Debo mantener mis ojos en Ti. Cuando miro fijamente a la cara a esta prueba, es demasiado para mí. Me acobardo ante su inmensidad. Pero así dejo que Satanás gane. Le oigo reírse, burlarse desde un costado, diciendo que sabía que yo nunca lo lograría. Le oigo reírse de mis inseguridades. Pero entonces apareces Tú, Padre. Me tiendes la mano. Me recuerdas que debo aferrarme a mi fe. Tú me aseguras que, si pudiste hacer que un hombre caminara sobre el agua, puedes allanar este camino ante mí, y lo harás. Tal vez cueste tiempo. Pero juntos podemos vencer. Mantendré mis ojos en Ti. Me niego a dejar que Satanás gane. No seré zarandeada. Confiaré en Ti, mi Dios, y en tu fuerza prevaleceré. En el nombre de Jesús, amén.

Entregarle mis afanes a Él

Entrégale tus afanes al Señor
y él te sostendrá;
no permitirá que el justo caiga
y quede abatido para siempre.

Salmos 55.22

Señor, te entrego mis preocupaciones e inquietudes. Te ofrezco este problema como un sacrificio en el altar. Necesito que Tú me sostengas. Necesito que me defiendas. Estoy cansada de la lucha; no tengo más fuerzas. Estoy harta de intentar lidiar con esto por mi cuenta. ¿Pelearás la batalla en mi lugar? ¿Irás delante de mí? ¿Me defenderás por todos los flancos? ¿Me traerás el éxito? Confío en que Tú me guiarás, como solo Tú puedes hacerlo. Ya he ido por mi cuenta bastante. Ya debería haber aprendido que algunas pruebas son demasiado duras para un simple ser humano. Se están librando batallas por mi alma en los ámbitos espirituales. Y esta es una de ellas. Pelea por mí, Jesús. Confío en Ti, amén.

Las pruebas son regalos

Hermanos míos, ustedes deben tenerse por muy dichosos cuando se vean sometidos a pruebas de toda clase. Pues ya saben que cuando su fe es puesta a prueba, ustedes aprenden a soportar con fortaleza el sufrimiento. Pero procuren que esa fortaleza los lleve a la perfección, a la madurez plena, sin que les falte nada.

SANTIAGO 1.2-4 DHH

Dios mío, esta prueba es más fuerte que yo. Me está poniendo a prueba en modos que hasta ahora nunca había experimentado. Me siento desafiada por todos lados y no sé qué hacer. Fortalece mi fe en este tiempo de dificultad, te lo ruego. Camina conmigo. Llévame *a través* de ella, aunque fuera mucho más fácil encontrar un atajo para *bordearla*. Sé que cuando salgamos del otro lado de esta barrera, Tú habrás fortalecido mi fe mediante la experiencia. Así que, aunque no puedo decir que me emocione afrontarla, me gozaré incluso en esta prueba. Sé que a la larga será para mi bien. Gracias por asegurarme que Tú estarás conmigo. Estoy dispuesta a afrontar este reto contigo: ¡podemos hacerlo juntos! En el nombre de Jesús, te pido la fuerza y la resistencia que sé que necesitaré en los días que se avecinan, amén.

Ayuda del Señor

Si a alguno de ustedes le falta sabiduría, pídasela a Dios, y él se la dará; pues Dios da a todos sin limitación y sin hacer reproche alguno. Pero tiene que pedir con fe, sin dudar nada; porque el que duda es como una ola del mar, que el viento lleva de un lado a otro. Quien es así, no crea que va a recibir nada del Señor, porque hoy piensa una cosa y mañana otra, y no es constante en su conducta.

Santiago 1.5-8 dhh

No sé lo que estoy haciendo, Señor. Me enfrento a una prueba que me tiene desconcertada. Lo he intentado desde todos los flancos y no he conseguido nada. Por eso acudo a Ti. Pongo mi carga a tus pies porque Tú me cuidas. La dejo a los pies del trono, y clamo a Ti por ayuda. Me presento ante Ti con confianza, no con vergüenza. No soy una extraña para Ti. Soy tu hija. Solicito la ayuda de mi Creador, mi Padre, mi Redentor, mi mejor amigo. Tú eres mi Abba Padre, mi Papá. Tú eres quien me conoce y me ve. Tú conoces la manera de salir de este lío en el que me he metido, y necesito que obres. Con resolución, pido tu ayuda. Te doy las gracias por anticipado, porque sé que la ayuda está en camino. Te lo pido en el nombre de Jesús, amén.

El Señor lucha por mí

Yo canto al Señor, que me da fuerzas.
¡Él es mi Salvador!
En las casas de los hombres fieles
hay alegres cantos victoriosos:
«¡El poder del Señor alcanzó la victoria!
¡El poder del Señor es extraordinario!
¡El poder del Señor alcanzó la victoria!».

SALMOS 118.14-16 DHH

Padre celestial, pienso en todas las pruebas que he enfrentado. Me has acompañado en ellas, día a día. Me has permitido apoyarme en Ti. Algunos días Tú has cargado completamente conmigo. Tú has abierto un camino para mí, y sé que harás lo mismo esta vez. Hay momentos en los que me siento tan débil que tan solo puedo pronunciar el nombre de Jesús. En esos momentos, lo pronuncio con decisión. Clamo a Ti mientras conduzco mi auto, con lágrimas cayendo por mis mejillas. Pronuncio tu nombre mientras la ansiedad me abruma. No le ruego a la ansiedad, sino que le ordeno que se vaya, en el nombre de Jesús. Sigo andando. Sigo luchando. Cuando esta batalla esté ganada, como ocurrió con otras, alabaré tu nombre. Te daré toda la gloria por ayudarme a superarlo. Tú me salvas una y otra vez, Padre. A menudo, tienes incluso que salvarme de mí misma. Y siempre te presentas. Nunca pierdes una batalla. Tú eres victorioso, Señor. Te alabo ahora de antemano por la victoria que sé que Tú me darás frente a otro enemigo más. Estoy lista para ir a la batalla contigo, Padre. En el nombre de Jesús, amén.

El Señor me responde

Cuando estoy angustiado, llamo al Señor,
y él me responde.

SALMOS 120.1 DHH

Señor, te necesito. Así como un niño pequeño clama en la noche cuando está asustado, yo clamo ahora a Ti. Hay gran paz y consuelo para mí en saber que Tú estás ahí. Tú estás a mi lado en cuanto te llamo. Estás listo para ayudarme a enfrentarme a este gigante. Me has proporcionado todas las armas. Me pondré la coraza de justicia; tomaré mi escudo; recordaré las promesas de tu santa Palabra que me aseguran que saldré de esta. Cada vez que me he enfrentado a problemas en el pasado, Tú has estado ahí. He erigido altares para recordarlo. ¡Hay tantos...! Ahora me enfrento a otra batalla. Ayúdame en esta prueba. Gracias por la paz que siento al saber que estamos juntos en esto. Sé que nunca lucho sola. En el nombre de Jesús, amén.

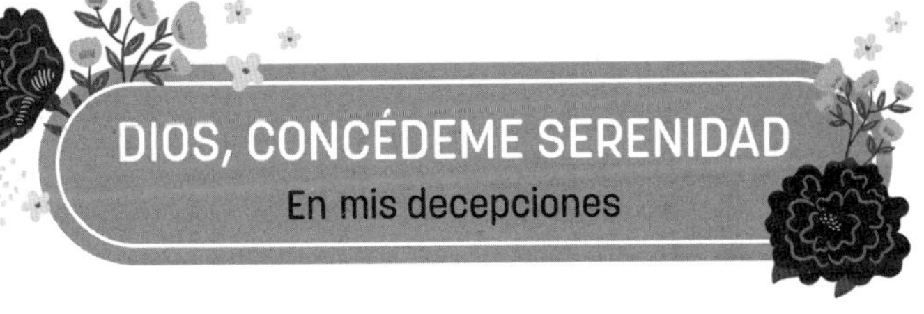

Todas las cosas dispuestas para bien

Ahora bien, sabemos que Dios dispone todas las cosas para el bien de quienes lo aman, los que han sido llamados de acuerdo con su propósito.

ROMANOS 8.28

Padre celestial, recuérdame hoy que Tú dispones todas las cosas para el bien de los que te aman. Me encanta que este versículo no dice que dispones algunas cosas para bien. No dice la mayoría de las cosas. Dice muy claramente que dispones todas las cosas en mi vida para bien. Esto incluye mis decepciones y mis fracasos. Significa que no hay error en mi vida que Tú no puedas redimir para tus propósitos. Tú eres más grande que mis errores. Eres más grande que mis sueños incumplidos. Tomas los pedazos rotos y los fragmentos que quedan y los unes para crear una hermosa obra maestra. Puede que sea diferente de lo que había imaginado, ¡pero será aún mejor! Tú eres un Dios bueno, y tienes buenos planes para mí. Tú dispones todas las cosas para mi bien. Gracias por eso, Señor. Me trae paz en medio de la decepción. En el nombre de Jesús, amén.

Todavía lo alabaré

¿Por qué estás tan abatida, alma mía?
¿Por qué estás angustiada?
En Dios pondré mi esperanza
y lo seguiré alabando.
¡Él es mi salvación y mi Dios!

Salmos 42.11

Padre celestial, estoy muy deprimida. Lo que esperaba no se ha cumplido. Mi sueño está roto. Tengo el corazón partido. Mi decepción se agolpa en mi interior y se manifiesta en lágrimas. Estoy muy angustiada. Sin embargo, en momentos de lucidez, puedo ver que incluso ahora Tú eres Dios y tienes el control. Te alabaré incluso en estos momentos. Porque Tú eres mi Salvador. Tú eres mi Dios. Tú eres mi Roca y Redentor, y Tú sostienes todas las cosas. La tierra gira sobre su eje porque Tú así lo quieres. No te has olvidado de mí. Mi situación actual no es un error. No está fuera de tu alcance, Padre. Tú puedes hacer más de lo que puedo imaginar, incluso en mis sueños más extremos. Puedes tomar este tiempo de dolor y usarlo para hacerme más fuerte. Se abrirán nuevas puertas donde las antiguas me han dado un portazo. Surgirán nuevas oportunidades en mi vida. Las pondrás en mi camino. Confío en Ti, Dios. Incluso en este momento de pérdida y duelo por lo que pensé que podría ser. Te lo entrego todo en el nombre de Jesús. Y te alabo aunque no lo entienda, amén.

Dios sigue ahí

El que habita al abrigo del Altísimo
descansará a la sombra del Todopoderoso.
Yo digo al Señor: «Tú eres mi refugio,
mi fortaleza, el Dios en quien confío».
Solo él puede librarte
de las trampas del cazador
y de mortíferas plagas,

Salmos 91.1-3

Dios, sé que no me has abandonado ni has apartado la mirada ni un momento. Sé que sigues aquí. Tú eres el mismo ayer, hoy y siempre. Eso me reconforta mucho, porque ahora mismo siento que mi mundo se ha trastocado completamente. Estoy muy desilusionada. Tengo luchas, Dios. Me niego a desmoronarme en esta prueba. Clamaré a Ti, Dios mío. Habito al abrigo de tu presencia. Ahora descanso a tu sombra. Tú eres mi refugio, mi escondite, una fortaleza que me protege. Pondré mi confianza en Ti. Ciertamente Tú me protegerás del fracaso. Tú me levantarás. Levanta mi rostro, Dios. Fija mi mirada en lo que sea que venga a continuación. Quítame mi pasado con su decepción, y dame un nuevo sueño al que aferrarme. Te lo pido en el nombre de Jesús, amén.

Dios escucha mi clamor

El Señor oye a los suyos cuando claman a él por ayuda;
los rescata de todas sus dificultades.
El Señor está cerca de los que tienen quebrantado el corazón;
él rescata a los de espíritu destrozado.
La persona íntegra enfrenta muchas dificultades,
pero el Señor llega al rescate en cada ocasión.

Salmos 34.17-19 NTV

Gracias, Padre celestial, por escuchar mi clamor. Las cosas están difíciles últimamente y estoy muy desanimada. Sé que Tú estás cerca de mí. Puedo sentir tu presencia en mi día. Te escucho en las palabras de aliento de los hermanos y hermanas en la fe. Te veo en la naturaleza al salir y ponerse cada día el sol, incluso cuando estoy tan desanimada. Tú salvas a los abatidos. Tú liberas a los tuyos de las aflicciones. Por favor, mira mi dolor y sana mi quebrantamiento. Recomponme para que pueda volver a sentirme completa. Te serviré todos mis días de mi vida. Algunos días son más duros que otros; me cuesta salir de la cama y enfrentarme al mundo. Ayúdame hoy, Señor. Dame fuerzas. Recuérdame que, incluso en mi angustia, Tú no me has olvidado. Tú me acompañarás, y hasta esto pasará. Te lo pido en el nombre de Jesús, amén.

Desanimada, pero no desesperada

Nos vemos atribulados en todo, pero no abatidos;
perplejos, pero no desesperados;
perseguidos, pero no abandonados; derribados, pero no destruidos.

2 Corintios 4.8-9

Padre celestial, gracias por ser mi Roca. Tú estás ahí, y a Ti me dirijo al instante cuando estoy en angustia. Puedo estar muy presionada por todos lados, sintiendo el peso del mundo sobre mis hombros, pero no estoy abatida. Tú te inclinas y me ayudas a llevar la carga. Nunca me darás más de lo que pueda soportar. Estoy confusa; no entiendo por qué las cosas han acabado como lo han hecho. Nunca quise vivir este tipo de decepción; pero incluso en esta confusión, me niego a rendirme. No desesperaré, ni siquiera en mi desilusión. Me mantendré firme en mi fe. Confiaré en Ti. Puede que sufra persecución, pero Tú nunca me abandonarás. Puede que caiga, pero me levantaré con tu fuerza. No estoy destruida. Puede que tenga algunas cicatrices de batalla, pero saldré victoriosa. Tengo a Cristo en mi corazón, y todo lo puedo en Aquel que me fortalece. En su nombre, amén.

Andar por fe

Y caminamos guiados por la fe y no por lo que vemos.

2 Corintios 5.7 BLPH

Amado Jesús, andaré por fe a través de esta decepción. Afrontaré esta dificultad de frente y no me echaré atrás. Mientras camino por la oscuridad, recordaré todo lo que me has mostrado en la luz. Tú me has revelado que eres el Hijo de Dios. Tú eres el Mesías enviado para salvarnos de nuestros pecados. Nos prometes vida abundante aquí en la tierra y vida eterna contigo en el cielo cuando muramos. ¡Me espera mucho! Aun así, ahora mismo estoy decepcionada. Estoy herida. Estoy algo descorazonada, Señor. Tú lo ves y lo entiendes. Comprendes que soy humana. Tú experimentaste todas las emociones humanas cuando caminaste por este mundo. Eras plenamente hombre, pero también plenamente Dios. Fuiste tentado. Experimentaste la decepción. Fuiste traicionado por los de tu círculo íntimo. Gracias, Señor Jesús, porque no camino sola. Gracias porque no camino sola guiándome por lo que puedo ver, porque, francamente, a veces no puedo ver más allá de un paso. Dame la gracia de caminar en la luz que he recibido para este día. Ayúdame, Jesús, a andar por fe. Te lo pido en tu nombre, amén.

Nada me separará de Dios

¿Qué añadir a todo esto? Si Dios está a nuestro favor, ¿quién podrá estar contra nosotros? El que no escatimó a su propio Hijo, sino que lo entregó a la muerte por nosotros, ¿cómo no va a hacernos el don de todas las cosas juntamente con él? ¿Quién acusará a los elegidos de Dios? ¡Dios es quien salva! ¿Quién se atreverá a condenar? ¡Cristo Jesús es quien murió, más aún, resucitó y está junto a Dios, en el lugar de honor, intercediendo por nosotros! ¿Quién podrá arrebatarnos el amor que Cristo nos tiene? ¿El sufrimiento, la angustia, la persecución, el hambre, la desnudez, el peligro, el miedo a la muerte?

ROMANOS 8.31-35 BLPH

Dios, estoy agradecida por la paz que tengo en Ti. Me consuela leer en tu Palabra que nunca me abandonarás. Si Tú estás por mí, no importa quién esté contra mí. Tú eres el Dios del universo y estás de mi lado. Tú eres mi Padre. Cuando miro hacia arriba, siempre estás ahí para guiarme y protegerme en el camino. Si sacrificaste a tu único Hijo para que muriera por mis pecados, ¿cómo ibas a negarme algo? ¡De ninguna manera! Tú eres el Dador de todos los buenos dones. En mi decepción, admito que lo que parece haber ido del todo mal puede, en cambio, estar bien en el libro de tus planes. Tú tienes buenos planes para mí. La tribulación no acabará conmigo. La angustia no es el fin. Soy una ganadora porque estoy en tu equipo. En el nombre de Jesús, amén.

Resistir al diablo

Practiquen el dominio propio y manténganse alerta. Su enemigo el diablo ronda como león rugiente, buscando a quién devorar.

1 PEDRO 5.8

Padre celestial, te ruego que no permitas que el diablo tenga ventaja alguna en esta situación. Tengo luchas, pero no estoy destruida. No caeré presa del maligno, a quien le encantaría verme renunciar a Ti. Mi esperanza está en el Dios vivo. A Satanás le encantaría que creyera que este es el final del camino, que debería rendirme. En él no hay esperanza; pero en mi Dios siempre la hay. Satanás quiere destrozarme y devorarme. Es como un león, listo para abalanzarse sobre su presa. Mantenme siempre vigilante. Hazme consciente de sus artimañas. Cuando escucho un mensaje en mi mente que me dice que no soy lo suficientemente fuerte, ayúdame a detenerme en ese momento y llevar ese pensamiento cautivo a Jesús. Soy suficientemente fuerte, no por mí, sino por Cristo, que me da la fuerza. Te ruego, en nombre de Jesús, que me guardes de las artimañas del maligno, amén.

Dios eterno

¿No lo sabes, no has oído que el Señor es un Dios eterno, creador de los confines de la tierra? No se cansa ni desfallece, su inteligencia es inescrutable. Da fuerza al cansado, aumenta el vigor de los débiles. Los jóvenes se cansan y se agotan, una y otra vez tropiezan los mozos; recobran, en cambio, su fuerza, los que esperan en el Señor, alzan su vuelo como las águilas; corren pero no se cansan, andan y no se fatigan.

Isaías 40.28-31 BLPH

Dios, Tú nunca te cansas. Yo estoy muy cansada de estar cansada. Tú eres el Creador. Yo simplemente soy lo creado. Tú nunca te quedas sin poder. Yo estoy agotada. Tú eres fuerte. Yo soy débil. La buena noticia para mí es que he elegido esperar en el Señor. En este tiempo de desilusión y angustia, clamo a Ti. Recuerdo tus promesas. Me paro firme sobre ellas. Recurro a tu fuerza. Me renueva tu poder eterno. Tal vez sea tan solo un ser creado, pero estoy hecha a imagen de mi Creador. Llevo tu firma como obra maestra tuya. Incluso en mi día más oscuro, esta pequeña luz mía sigue brillando. Hoy necesito tu fuerza, Padre. No puedo vivir la vida en mis fuerzas. Recuérdame esa verdad eterna, esa promesa eterna de que correré y no me fatigaré, caminaré y no me cansaré. Ayúdame a volar con alas de águila. Te lo pido en el nombre de Jesús, amén.

Dios compensa los años comidos por la langosta

El Señor dice: «Les devolveré lo que perdieron a causa del pulgón, el saltamontes, la langosta y la oruga. Fui yo quien envió ese gran ejército destructor en contra de ustedes».

Joel 2.25 NTV

Dios, he desperdiciado muchos años. Ojalá pudiera recuperarlos. No era quien debería haber sido. No caminaba contigo. Me duele pensar en todo ese tiempo perdido. Tiempo que podría haber pasado en tu Palabra. Tiempo que podría haber pasado sirviéndote. Cuando me comparo con otras personas de mi edad, me siento rezagada en mi estudio de la Biblia. Pienso en todos aquellos a los que podría haber llevado a Cristo, pero en lugar de eso estaba malgastando mi tiempo siguiendo cosas inútiles. Pero Tú me aseguras que me devolverás esos años. Contigo nada se desperdicia. Tú eres el Redentor. Redimes mi pasado. Lo usas. Pones ante mí oportunidades para compartir mi testimonio. Puedes usar mi historia para cambiar la historia de otra persona, Padre. Puedes usar mi pasado para salvar a alguien de esos caminos de mi pasado que no llevan a ninguna parte. Dios, Tú eres el restaurador de las cosas que se malgastaron. Das gloria por ceniza. En el nombre de Jesús, te entrego mi pasado, y te pido que lo redimas, amén.

Las misericordias de Dios, nuevas cada día

Pero yo cantaré de tu poder,
y por la mañana alabaré tu amor;
porque tú eres mi protector,
mi refugio en momentos de angustia.

SALMOS 59.16

Dios, tus misericordias son nuevas cada mañana. No he tomado las mejores decisiones en el pasado, y eso me ha causado algunos sinsabores, pero estoy en un nuevo día. Cada día haces borrón y cuenta nueva. Me despierto cantando de tu amor. Tu amor me envuelve y me recuerda que no soy la suma de mis actos. Soy salva por la sangre de Jesús. No soy mi pasado; soy tu hija. Mis errores del pasado no me definen. Estoy lista para empezar de nuevo. Tú eres mi fortaleza. Me cuidas en los momentos difíciles. Cuando me siento tentada a volver a mis antiguas sendas, me recuerdas las bendiciones de caminar contigo. Cuando vuelvo la cabeza para mirar por encima del hombro, Tú me tomas de la mano y me conduces hacia el brillante futuro que has planeado para mí. Gracias a Ti, Padre, mi futuro será mejor que mi pasado. Jesús marca toda la diferencia. En su nombre, amén.

Olvidar el pasado

Hermanos, no pienso que yo mismo lo haya logrado ya. Más bien, una cosa hago: olvidando lo que queda atrás y esforzándome por alcanzar lo que está delante, sigo avanzando hacia la meta para ganar el premio que Dios ofrece mediante su llamamiento celestial en Cristo Jesús.

FILIPENSES 3.13-14

Padre celestial, me identifico con el apóstol Pablo. Comencé con muy mal pie, pero he visto la luz. Estoy caminando con Jesús; y aunque mi pasado realmente apesta, me espera un futuro brillante. Ayúdame, Dios, a olvidar de verdad lo que queda atrás y a esforzarme por lo que está por delante. Es difícil cerrar la puerta a lo ocurrido en el pasado. Se filtra en mis recuerdos y a veces en mis sueños. Trato de llevar todo pensamiento cautivo a Cristo, pero algunos días es más fácil que otros. En mi intento de avanzar hacia la meta, recuérdame cada día que Tú estás conmigo. Te necesito a mi lado para dejar a un lado lo negativo y correr hacia lo positivo. En mi nueva vida me siento muy bendecida por caminar con Jesús. Por favor, ayúdame a no volver a mi vieja naturaleza pecaminosa. Te lo pido en el nombre de Jesús, amén.

Nueva vida en Cristo

He sido crucificado con Cristo, y ya no vivo yo, sino que Cristo vive en mí. Lo que ahora vivo en el cuerpo, lo vivo por la fe en el Hijo de Dios, quien me amó y dio su vida por mí. No desecho la gracia de Dios. Si la justicia se obtuviera mediante la ley, Cristo habría muerto en vano.

GÁLATAS 2.20-21

Dios mío, es un verdadero milagro. Nueva vida. He nacido de nuevo. Nicodemo no entendía este concepto. Pensó que Jesús se refería a que alguien volviera a salir del vientre de su madre. Sin embargo, yo sí entiendo el concepto, es más, lo he experimentado. Un renacimiento espiritual. Una segunda oportunidad. Una nueva vida. Gracias porque mi vieja vida pasó y fui resucitado a una vida nueva. El antiguo yo ya está muerto. Murió cuando acepté a Jesús. Así como Jesús resucitó después de tres días en la tumba, yo soy una mujer nueva. Viviré por la fe en Cristo, que hizo posible esta nueva vida para mí. Reconozco que no soy salva por obras, sino por gracia, y que no puedo jactarme de mi salvación. Se lo debo todo a Cristo. En su precioso nombre, amén.

Olvida mi pecado pasado

Olvida los pecados y las transgresiones
que cometí en mi juventud.
Acuérdate de mí según tu gran amor,
porque tú, Señor, eres bueno.

Salmos 25.7

Amado Padre celestial, sé que Tú me dices que has olvidado mi pecado. Entonces, ¿por qué te lo sigo recordando? Me dices que lo has echado tan lejos como está el Este del Oeste. Sin embargo, siento la punzada de la culpa casi todos los días. Veo las consecuencias de mi pecado pasado; estoy viviendo esas consecuencias. Sé que las cosas serían diferentes si hubiera tomado mejores decisiones. Pero te oigo susurrar junto a mí que Tú dispondrás todas las cosas para bien. Puedes crear belleza a partir del caos. Lo hiciste en la vida de Saulo, que se convirtió en Pablo. Usaste a recaudadores de impuestos y prostitutas para tus propósitos, Padre. Cuando nos salvas, nos ves como personas justas. Me ves a través de Jesús. Todo lo que estaba en mi pasado, por gracia lo has dejado atrás. Ahora ayúdame a hacer yo lo mismo para que pueda encontrar la paz, Padre. Te pido que me recuerdes tu bondad y tu inagotable amor por mí. Te lo pido en el nombre de Jesús, amén.

Vivir el presente

Ahora dice el Señor a su pueblo:
Ya no recuerdes el ayer,
no pienses más en cosas del pasado.

Isaías 43.18 dhh

Señor, no puedo dejar de vivir en el pasado. Desentierro viejos recuerdos y me arrastran. Una vez oí que, si vives en el pasado, te pierdes el presente y, por lo tanto, no tienes futuro. Creo que es verdad. Lo estoy viendo en mi vida. Tengo miedo de correr riesgos, Señor. Temo que me hagan daño, así que me niego a derribar los muros que he levantado alrededor de mi corazón. Cada vez que me acerco a alguien, me alejo. Miro atrás por encima de mi hombro. Me pregunto si esta persona me dejará. Me pregunto si me arrepentiré de haber confiado en él o en ella. Por culpa de mi pasado, lo cuestiono todo en mi experiencia presente. Dios, necesito que esto cambie. Quiero disfrutar el hoy. Tú has puesto bendiciones y oportunidades en mi vida, y quieres que viva en plenitud. Pero no puedo vivir en plenitud hasta que deje el pasado. ¿Me ayudas? ¿Me enseñas cómo? Yo soy tu hija, y Tú eres mi Padre. Confío en que me guiarás. Muéstrame a las personas adecuadas con las que hablar si necesito un consejo cristiano. Llévame al lugar de sanidad, ya sea a través de consejería o escribiendo una carta a alguien de mi pasado... o por el camino que Tú creas conveniente. Te amo, Padre, y te doy gracias por ayudarme a encontrar la paz con mi pasado. En el nombre de Jesús, amén.

Bendiciones del presente

Nunca te preguntes por qué todo tiempo pasado fue mejor, pues esa no es una pregunta inteligente.

Eclesiastés 7.10 dhh

Dios, recuerdo la letra de una vieja canción: «Cuenta tus bendiciones. Nómbralas una a una. Cuenta tus bendiciones. Mira lo que Dios ha hecho. Cuenta tus bendiciones. Cuenta tus bendiciones. Cuenta tus muchas bendiciones. Mira lo que ha hecho Dios». A veces me olvido de hacerlo. Echo la vista atrás y guardo muy buenos recuerdos. Me quedo ahí cuando debería vivir en el presente. Por muy bueno que fuera el pasado, también hubo problemas y luchas. A menudo miramos atrás con lentes de color de rosa, recordando lo que queremos recordar. Cada etapa tiene sus alegrías y sus penas. No hay una que sea mejor que otra. Los tiempos son diferentes. Una etapa de la vida puede traer más pruebas que otra, pero en cada etapa, Tú estás conmigo. Tú sabes qué planes tienes para mí. Tú te vales de mis circunstancias para enseñarme, usarme y hacerme crecer. Me siento bendecida, Padre. Gracias por mis recuerdos. Algunos son muy dulces. Pero, por favor, ayúdame a seguir adelante. No quiero quedarme en el pasado y perderme lo que tienes para mí hoy. Te lo pido en el nombre de Jesús, amén.

Madurar en la fe

Cuando yo era niño, hablaba, pensaba y razonaba como un niño; pero al hacerme hombre, dejé atrás lo que era propio de un niño.

1 Corintios 13.11 DHH

Padre celestial, Tú me has preparado para este momento. Este es mi momento. Tú has ordenado cada día que vivo. Tú decidiste cuándo iba a nacer, y me llevaste a Jesús en el momento justo. Me abriste los ojos espiritualmente. Me salvaste. Mientras vivo esta vida, te pido que mi fe crezca. En mi camino contigo soy más que en el pasado. Quiero demostrar esa madurez en mi forma de servirte y de dar testimonio a otros. Ya no soy una cristiana bebé. Ya es hora de que dé un paso adelante y deje de ser alguien que solo recibe, para empezar a compartir más de mí misma con los demás. Dame oportunidades para enseñar o guiar o usar mis dones espirituales. Quiero honrarte en todo lo que hago. En el pasado, me empapaba de conocimiento bíblico, pero no quiero limitarme a «sentarme y recibir» toda mi vida. Estoy lista para servir. Muéstrame cómo quieres usarme, Señor. Te lo pido en el nombre de Jesús, amén.

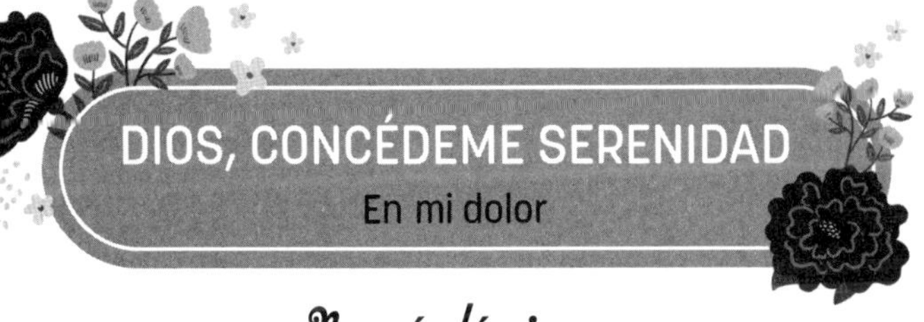

DIOS, CONCÉDEME SERENIDAD

En mi dolor

No más lágrimas

Secará todas las lágrimas de ellos, y ya no habrá muerte, ni llanto, ni lamento, ni dolor; porque todo lo que antes existía ha dejado de existir.

APOCALIPSIS 21.4 DHH

Padre celestial, he experimentado una profunda pérdida. La pena me abruma. Pero viene en oleadas. Hay momentos en los que no me consume por completo. Al igual que la marea del océano sube y baja, lo mismo ocurre con el dolor. En los momentos de lucidez, recuerdo tu promesa de que el dolor forma parte de la experiencia humana. Los seres queridos que van al cielo antes que nosotros no están llorando. Los que lloran son los que se quedan aquí. Mis seres queridos están en un lugar mucho mejor. Ahora están contigo. Un día iré al cielo. Entraré en el paraíso donde ya no hay lágrimas. No existe el lamento donde Tú estás, Padre. No hay enfermedad ni dolor. No hay cáncer. No hay hospitales ni cirugías, porque todos en el cielo reciben un cuerpo nuevo que ha sido hecho perfecto. En mis días más oscuros, cuando el dolor no cesa, descanso sabiendo que un día todo se arreglará. Eso es lo que espero, Dios. Encuentro paz en saber que esta vida no es lo único que hay para mí. De verdad, un día ya no habrá más lágrimas. En el nombre de Jesús, amén.

Consuelo en el Señor

Dichosos los que sufren,
porque serán consolados.
Mateo 5.4

Dios de todo consuelo, vengo ante Ti desconsolada. Me duele el corazón. Necesito que vengas y me llenes de paz sobrenatural. No entiendo esta pérdida. ¿Cómo puede ser? Cada día me despierto para descubrir que no era una pesadilla. Esta persona que amaba se ha ido de verdad. Padre, clamo a Ti. Siento el dolor de pies a cabeza. No sabía que el duelo podía ser tan físico. Estoy físicamente enferma por esta pérdida. Hallo consuelo cuando leo en tu Palabra que los que lloran son dichosos porque serán consolados. Al pronunciar el nombre de Jesús, te siento cerca. Descanso a la sombra de tus alas. Ya no tengo energía para hacer preguntas, ni siquiera para llorar. Solo descanso aquí contigo. Solo me dejo abrazar por Ti. Recibo el consuelo y la paz de conocerte. ¿Cómo podría alguien afrontar el dolor sin Ti, Señor? ¿Cómo podría alguien superar una pérdida profunda si no existiera la esperanza del cielo? Te amo, Señor. Gracias por consolarme en este momento de dolor. En el nombre de Jesús, amén.

Los muertos en Cristo resucitarán

Hermanos, no queremos que ignoren la suerte de aquellos que ya han muerto. Así no estarán tristes como lo están los que carecen de esperanza [...] Dios llevará consigo a quienes han muerto unidos a Jesús. Apoyados en la palabra del Señor, les aseguramos que nosotros los que estemos vivos, los supervivientes en el día de la manifestación del Señor no tendremos preferencia sobre los que ya murieron. Porque el Señor mismo bajará del cielo y, a la voz de mando, cuando se oiga la voz del arcángel y resuene la trompeta divina, resucitarán en primer lugar los que murieron unidos a Cristo. Después nosotros, los que aún quedemos vivos, seremos arrebatados, junto con ellos, entre nubes, y saldremos por los aires al encuentro del Señor. De este modo viviremos siempre con el Señor.

1 TESALONICENSES 4.13-17 BLPH

Padre celestial, las promesas de tu Palabra son claras. El cielo es real, y los creyentes en Cristo pasarán allí la eternidad. Parece una escena de película, Padre, con efectos especiales impresionantes. Sin embargo, está en tu Palabra. ¡Y es verdad! No puedo imaginar cómo será cuando suene esa trompeta. ¡Ver a los muertos en Cristo vivos de nuevo y reuniéndose con Jesús en el cielo! Y luego, ¡ser arrebatados a las nubes para reunirnos con Él! Señor, eso me da esperanza en mis momentos de dolor. Me da alegría en mi tristeza. Estoy triste porque extraño a mi ser querido, pero confío en que un día todos los creyentes nos juntaremos una gran reunión familiar en el cielo. Y durará toda la eternidad. En el nombre de Jesús, amén.

Jesús destruyó la muerte

Esa bondad se ha mostrado gloriosamente ahora en Cristo Jesús nuestro Salvador, que destruyó el poder de la muerte y que, por el evangelio, sacó a la luz la vida inmortal.

2 Timoteo 1.10 DHH

Padre celestial, cuánto te agradezco que Jesús venciera a la muerte. El aguijón de la muerte ya no tiene poder en la vida del cristiano. Cuando llega la muerte, simplemente pasamos a la eternidad contigo en el cielo. Cambiamos una existencia humana por una espiritual en el paraíso. El dolor es para los que nos quedamos aquí, porque extrañamos a nuestros seres queridos. Pero en cuanto a nuestros seres queridos que han fallecido y conocen a Jesús, ya no hay dolor para ellos. Solo hay victoria. Solo hay alegría. Tienen un nuevo cuerpo muy diferente del terrenal. Padre, Jesús ha abierto un camino para que yo tenga una vida abundante aquí en la tierra, y te doy gracias porque Él también ha ido a preparar un lugar para mí en el cielo. Espero la gloria del cielo. La esperanza del cielo alivia el duelo. Ven a mí aquí en mi dolor, Padre. Porque aunque conozco las promesas, estoy sufriendo. Cántame. Consuélame. Ayúdame, Señor, mientras camino a través del dolor. Te lo pido en el nombre de Jesús, amén.

Consolar a los que sufren

Bendito sea Dios, Padre de nuestro Señor Jesucristo, Padre misericordioso y Dios que siempre consuela. Él es el que nos conforta en todos nuestros sufrimientos de manera que también nosotros podamos confortar a los que se hallan atribulados, gracias al consuelo que hemos recibido de Dios. Porque, si bien es cierto que como cristianos no nos faltan sufrimientos, no lo es menos que Cristo nos colma de consuelo. Si nos toca sufrir es para que redunde en consuelo y salvación de ustedes; si recibimos consuelo, es para que también ustedes se animen a soportar los mismos sufrimientos que nosotros soportamos. Tiene, pues, una sólida base nuestra esperanza con respecto a ustedes, por cuanto sabemos que si comparten nuestros sufrimientos, habrán de compartir también nuestro consuelo.

2 Corintios 1.3-7 BLPH

Dios, ayúdame a consolar a los que lloran. He pasado por eso. He sentido el entumecimiento y la conmoción de la pérdida. Me ha sacudido la pena. Recuérdame que el mayor consuelo que puedo ofrecer no viene de las palabras, sino de presentarme y estar ahí. A veces las palabras duelen. Llenan espacios vacíos con la intención de aliviar la pena, pero a veces empeoran las cosas. Por favor, cuando sea necesario, úsame para dar un abrazo o ser un hombro sobre el que llorar. Por favor, muéstrame formas prácticas de ayudar. Bienaventurados los que lloran. Ellos serán consolados. Ayúdame a ser parte de ese consuelo, Señor. Te lo pido en el nombre de Jesús, amén.

A Dios le importa mi dolor

Toma en cuenta mis lamentos;
registra mi llanto en tu libro.
¿Acaso no lo tienes anotado?

Salmos 56.8

Abba Padre, Papá, Tú llevas registro de mis lágrimas. Las tienes guardadas. Te importan. Sientes cada lágrima que derramo. Tienes un corazón de Padre, tierno hacia tu hija. No deseas ver a tu hija angustiada. Lloro desconsoladamente, pero al final me siento mejor. Las lágrimas a veces ayudan de una manera inexplicable. Traen liberación a mi lamento. Limpian mi alma y me permiten seguir adelante. Creo que las lágrimas pueden ser saludables a veces. Gracias por crear las emociones, Padre. No es bueno guardarse los sentimientos. Dios, te amo y te doy gracias por preocuparte por mí. Ayúdame a dejar este dolor a los pies de tu trono. Ayúdame a cambiar mi carga por la tuya, que es más ligera. Te entrego mi dolor. En el nombre de Jesús, amén.

En Cristo, todo lo puedo

Puedo salir airoso de toda suerte de pruebas,
porque Cristo me da las fuerzas.

FILIPENSES 4.13 BLPH

Todo lo puedo, Señor, en Ti. Tú me das fuerza. Me levantas cuando siento que no puedo más. Donde solo veo un par de huellas en la arena, como dice el poema, es ahí cuando Tú cargas conmigo. Cómo necesito que cargues conmigo hoy. El dolor me quita la energía. Me cuesta concentrarme. Mi mente va a la deriva. Me duele el corazón. Cada detalle de mi alrededor me recuerda el pasado y a mi ser querido que ha fallecido. Debo confiar en tu fuerza, porque realmente no tengo recursos propios. Gracias a que Cristo vive en mi corazón, puedo seguir adelante. Me acostaré y descansaré en paz; y cuando despierte, encontraré energía suficiente para afrontar un día más. Iré paso a paso, día a día. Sé que a su debido tiempo seré más fuerte y volveré a ser la de antes. Te amo, Señor, y te doy gracias por darme fuerzas en momentos como este. En el nombre de Jesús, amén.

Jesús sana

Sana a los de corazón dolido
y venda sus heridas.

Salmos 147.3 BLPH

Tengo el corazón roto, Señor. He perdido a alguien muy querido para mí. Mi corazón se llena de dolor y no puedo pensar en otra cosa. Ahora nada parece estar bien en el mundo. Hay un vacío enorme que nadie podrá llenar jamás. Estoy muy triste. En estos momentos contigo, encuentro consuelo en tu Palabra. He leído que Tú sanas a los quebrantados de corazón. ¿Podrías sanarme? ¿Puedes tomar los pedazos de mi corazón y recomponerlo? Sé que la vida nunca volverá a ser igual. Sé que tendré que crear una nueva normalidad. Pero me da paz saber que Tú sanas a quienes tienen el corazón roto, porque esa es mi condición en este duelo. Venda mis heridas, Señor Jesús. Cuídame hasta restaurarme a un punto de salud mental, emocional y física. Este dolor ha afectado a todos los aspectos de mi vida. Cuida de mí. Suelo ser yo la cuidadora, pendiente de los que me rodean. Ahora mismo no tengo fuerzas para cuidar de nadie, Padre. Te necesito en estos días. Te necesito a todas horas. Muéstrame tu misericordia, te lo ruego. Gracias por el consuelo de saber que te importo y que prometes cuidar de mí. En tu nombre, amén.

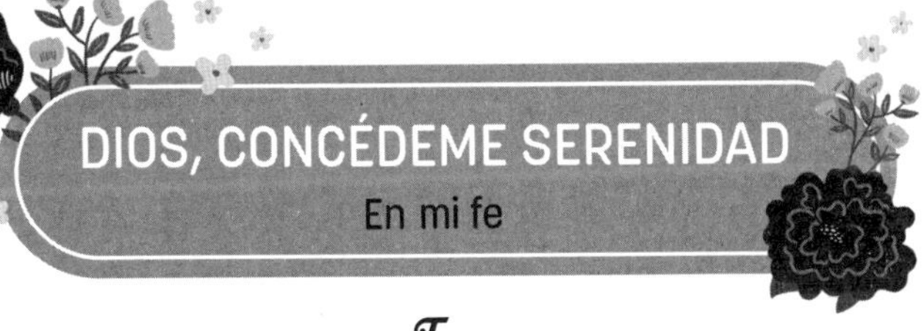

Fe

La fe es garantía de las cosas que esperamos
y certeza de las realidades que no vemos.

HEBREOS 11.1 BLPH

Dios, este mundo se centra en las cosas que se pueden ver. Dinero, moda, entretenimiento. El reino espiritual es todo lo contrario. Debo aprender a poner la mirada en lo que no se ve: eso es la fe. La fe es la certeza de lo que se espera. Es una promesa de que en esta vida hay más de lo que parece. Es confiar en que el sol saldrá mañana si Tú quieres, Padre. Es reconocer que sirvo a un Dios mucho más grande que yo, mucho más grandioso que las dimensiones de este mundo. Tú puedes obrar milagros. Eres capaz de mucho más de lo que podemos imaginar. Fortalece mi fe, te lo ruego. En los momentos en que mi fe es solo como un grano de mostaza, te ruego que bendigas esa ofrenda de confianza y la hagas crecer en el nombre de Jesús, amén.

Fe como un grano de mostaza

Porque ustedes no tuvieron fe. Les aseguro que si tuvieran fe, aunque sólo fuera como un grano de mostaza, le dirían a este monte: «¡Quítate de ahí y ponte allí!», y el monte cambiaría de lugar. Nada les resultaría imposible.

MATEO 17.20 BLPH

Dios, quiero presentarme ante Ti con una fe grande. Quiero ser como los que aparecen en la lista de la fe de la Biblia. Quiero ser como Noé, que trabajó en el arca cuando no se veía la lluvia. Quiero ser como Abraham, que subió al monte, cuchillo en mano, dispuesto a sacrificar a su amado hijo si Tú se lo pedías. Quiero agradarte con mi fe como lo hicieron los grandes hombres y mujeres de la Biblia. Pero siempre me quedo corta. Solo puedo traerte una porción de fe como un grano de mostaza. Te pido que la multipliques. Te pido que la hagas crecer. Tú me dices en tu Palabra que puedo hacer grandes cosas incluso con una fe pequeña. Confío en que esto es verdad, pero te pido que hagas de mí una mujer de mayor fe. Te lo pido en el nombre de Jesús, amén.

La Palabra de Dios hace crecer mi fe

Toda Escritura está inspirada por Dios y es provechosa para enseñar, para argumentar, para corregir y para educar en la rectitud, a fin de que el creyente esté perfectamente equipado para hacer toda clase de bien.

2 TIMOTEO 3.16-17 BLPH

Dios, gracias por tu Palabra. Toda la Escritura está inspirada por Ti. Me enseña. Me beneficia con su lectura. Las palabras saltan de las páginas. Me corrigen cuando me equivoco. Me educan en la rectitud para que sepa qué caminos debo seguir y qué decisiones debo tomar. Quiero honrarte en todo lo que hago. Dios, confío en que, a medida que estudie tu Palabra, mi fe crecerá. Estaré capacitada para servirte, usando mis dones para tu gloria. Mediante la lectura de tu Palabra estoy facultada para hacer buenas obras. Cuando haga estas buenas obras, otros las verán. Se preguntarán qué es lo que me motiva. Me preguntarán por qué me intereso por otros, por qué sirvo, por qué atiendo a los demás en sus momentos de necesidad. La respuesta siempre será simplemente «Jesús». Mis buenas acciones pueden llevar a otros hacia Él. Bendíceme, Padre, mientras procuro crecer en mi fe. Quiero honrarte en mis circunstancias. Úsame, te lo ruego, en el nombre de Jesús, amén.

Fe en Dios, no en el hombre

De modo que la fe de ustedes no es fruto de la sabiduría humana, sino del poder de Dios.

1 Corintios 2.5 blph

Dios, a menudo tengo la tentación de depositar mi fe en el ser humano en lugar de hacerlo donde corresponde: en Ti. Confío en los que me rodean y a veces casi los convierto en mis dioses. Por supuesto, quiero complacer a mi jefe, pero él o ella no es mi Dios. Espero poder confiar en amigos y familiares, pero mi confianza final debe estar en mi Señor. Dame discernimiento, Padre, para ver cuándo estoy confiando demasiado en el hombre y no lo suficiente en Ti. Te amo, Señor, y he puesto mi fe en Ti. Soy salva por gracia mediante la fe en Jesús, y quiero tener una fe mayor y más fuerte. Has acudido en mi ayuda una y otra vez. Enséñame a levantar altares en estos lugares donde me has bendecido. Quiero vivir por fe, sabiendo que Tú siempre me ayudarás. En el nombre de Jesús, amén.

Fe y obras

Se puede también razonar de esta manera: tú dices que tienes fe; yo, en cambio, tengo obras. Pues a ver si eres capaz de mostrarme tu fe sin obras, que yo, por mi parte, mediante mis obras te mostraré la fe.

SANTIAGO 2.18 BLPH

Dios, muestro mi fe a través de mis obras. Van de la mano. No puedo decir que tengo fe y luego sentarme y no hacer nada. Ayúdame a no vivir de manera tan hipócrita. Cuando vivo mi fe encuentro una gran paz. La fe requiere algo de mí. Requiere sacrificio. Pero el agotamiento por servir es un cansancio maravilloso. Permíteme ver las oportunidades de hacer buenas obras. Compartiré mi fe con los que me rodean y te seré fiel, Señor. Aun cuando yo no soy fiel, Tú sigues siendo el mismo. Acércame a Ti y enséñame a tener más fe cada día de mi vida. Te amo. En el nombre de Jesús, amén.

Fe en Jesús

Les aseguro que quien cree, tiene vida eterna.

Juan 6.47 blph

Padre celestial, muchas personas dicen que «creen», pero no creen en Ti. Algunos tienen fe en sí mismos. Creen que son fuertes. No ven que son débiles y que solo a través de Ti pueden recibir fuerzas. Algunos creen en muchos dioses. Son dioses con *d* minúscula. En realidad, no son dioses. Algunos creen en las personas. Convierten a las estrellas de cine, los empresarios o los novios en sus dioses. Buscan la aprobación de estas personas. Anhelan parecerse a ellos. Persiguen con ahínco cosas vacías. Dios, estoy muy agradecida de que el objeto de mi fe sea Jesucristo. Él murió en la cruz por mí, una muerte horrible. Aquel día cargó con mis pecados y con los de todo el mundo. Me abrió un camino para presentarme ante Ti, santo Dios. Él es el camino, la verdad y la vida. Nadie viene al Padre si no es por medio de Jesús. Gracias por mi fe que me promete la vida eterna. En el nombre de Jesús, amén.

Jesús, entretanto, estaba en la popa durmiendo sobre un cabezal. Los discípulos lo despertaron, diciendo:
—Maestro, ¿no te importa que estemos a punto de perecer?
Jesús se incorporó, increpó al viento y dijo al lago:
—¡Silencio! ¡Cállate!
El viento cesó y todo quedó en calma. Entonces les dijo:
—¿A qué viene ese miedo? ¿Dónde está vuestra fe?
Pero ellos seguían aterrados, preguntándose unos a otros:
—¿Quién es este, que hasta el viento y el lago le obedecen?

Marcos 4.38-41 BLPH

Padre celestial, no soy muy diferente de los discípulos, ¿verdad? Te conozco como Aquel que reprendió al mar, y sin embargo no confío en Ti para calmar las tormentas de mi vida. Tengo una ventaja sobre los discípulos. Puedo leer las Escrituras y ver todas las veces que has mostrado que eres poderoso. Veo cómo se separan las aguas del mar Rojo. Veo a Noé y a su familia salvados del diluvio dentro del arca. Oigo el llanto de un bebé, nacido de unos padres ancianos, Abraham y Sara. Una promesa cumplida. Tú eres fiel. Tienes un gran poder. Lo sé. Sin embargo, sigo dudando. Dame más fe, te lo ruego. Cuando confío en mi fe, siento mucha paz. Me consuela saber que sirvo a un Dios que siempre cumple. Tú calmarás las tormentas de mi vida, o me llevarás a través de ellas. En cualquier caso, Tú eres fiel. En el nombre de Jesús, amén.

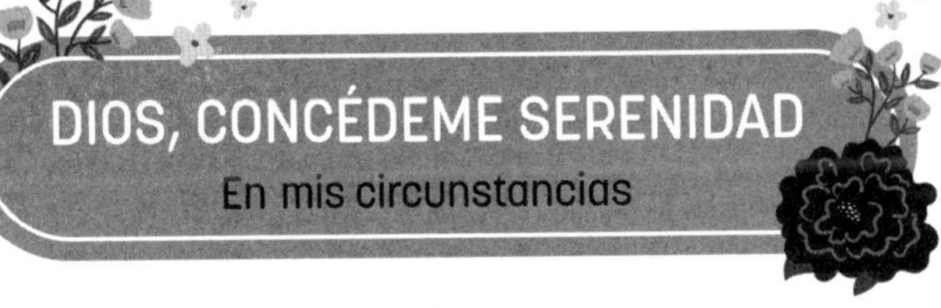

Permanecer fiel a Dios a pesar de las circunstancias

Nuestro Dios, a quien adoramos, puede librarnos de las llamas del horno y de todo el mal que Su Majestad quiere hacernos, y nos librará. Pero, aun si no lo hiciera, sepa bien Su Majestad que no adoraremos a sus dioses ni nos arrodillaremos ante la estatua de oro.

DANIEL 3.17-18 DHH

Padre celestial, Daniel y sus amigos fueron valientes en circunstancias negativas. El rey estaba totalmente en contra de ellos. Intentó que adoraran a una estatua de oro en lugar de a Ti, el único Dios verdadero. El rey amenazó con arrojarlos al horno ardiente. Aun así, estos hombres no se acobardaron. Se mantuvieron firmes en su fe. Le dijeron al rey que, fueran cuales fueran sus circunstancias, no se inclinarían ante otro dios. Solo te adorarían a Ti. Confiaron en que Tú los salvarías del horno de fuego; pero dijeron que seguirían siéndote fieles aunque Tú no los libraras. Aun así, no se inclinaron ante la estatua de oro. No tendrían otro dios antes que a Ti. No dejarían que sus circunstancias dictaran su fidelidad. Quiero que sea así en mi caso. Quiero ser hallada fiel a Ti, Señor, venga lo que venga. Te lo pido en el nombre de Jesús, amén.

Ama a Dios

Él respondió:
— Amarás al Señor tu Dios con todo tu corazón, con toda tu alma, con todas tus fuerzas y con toda tu inteligencia; y a tu prójimo como a ti mismo.

Lucas 10.27 BLPH

Dios, independientemente de mis circunstancias, debo amarte con todo mi corazón, alma, fuerza e inteligencia. Me pides que ame a mi prójimo como a mí misma. Así que, en tiempos de regocijo y victoria, Señor, te amaré. Y en tiempos de necesidad, te amaré lo mismo. No quiero que mi fe se deje llevar por los vientos del cambio. No importa dónde me encuentre, quiero ser siempre hallada fiel. Ayúdame a no poner la mirada en las circunstancias externas, ayúdame a verte en todas las cosas. Cuando sufro, tengo la oportunidad de acercarme a Ti y dejar que me consueles. Cuando otras personas me elogian, puedo dirigir su mirada a mi Señor. Sea cual sea mi situación, que mi amor por Ti sea evidente para todos los que me conocen. Te amo, Dios. En el nombre de Jesús, amén.

Serenidad en el sufrimiento

Pues para esto los llamó Dios, ya que Cristo sufrió por ustedes, dándoles un ejemplo para que sigan sus pasos.

1 PEDRO 2.21 DHH

Jesús, tú sufriste. Fuiste perseguido. Te traicionaron. Estuviste colgado de una cruz entre dos ladrones para sufrir una muerte dolorosa. No habías hecho nada malo para merecer la cruz, y sin embargo la sufriste por mí. Sufriste en mi lugar. Y ahora estoy llamada a sufrir. Seguiré tu ejemplo. Sufriré como Tú. No huiré del sufrimiento. Lo afrontaré. Si la copa no pasa de mí, beberé hasta el fondo del sufrimiento. Si la voluntad de Dios para mí es el sufrimiento, intentaré soportarlo sin quejarme. No se me ha prometido una vida sin preocupaciones. Se me promete que tendré problemas en esta vida, porque desde que entró el pecado, este es un mundo caído. La buena noticia es que Tú venciste a este mundo, Padre. Hay vida más allá de este mundo. Hay esperanza más allá del sufrimiento. Esto no es el final, sino solo el principio. Permíteme sufrir con un espíritu adecuado. Permíteme elevarme por encima de mis circunstancias. En el nombre de Jesús, pido serenidad incluso en el sufrimiento, amén.

Dios se presentará

Yo soy pobre y necesitado;
quiera el Señor tomarme en cuenta.
Tú eres mi socorro y mi libertador;
¡no te demores, Dios mío!

Salmos 40.17

Dios, Tú nunca llegas demasiado pronto, ni demasiado tarde. Mis circunstancias no son buenas ahora mismo. Estoy necesitada. Me he encontrado con momentos que nunca creí que llegarían. He vivido en la abundancia, pero ahora sé lo que significa vivir en necesidad. No sé de dónde saldrá el dinero ni cómo se pagarán las facturas. El pago de la hipoteca ha vencido. Las facturas se acumulan. Necesito tu ayuda en estos momentos. Necesito ser liberada por tu mano. Provéeme, te lo ruego. Acuérdate de mi familia, te lo ruego. Sé que Tú eres consciente de nuestras necesidades. Por favor, preséntate en el momento justo. Por favor, cambia nuestras circunstancias. No te demores. Muchas veces en el pasado te he necesitado de otras maneras. Necesito que te hagas presente de nuevo, Dios. Tú eres más grande que estas circunstancias. Tú eres más fuerte. Eres más alto. Te lo pido en el poder del nombre de Jesús, amén.

Paz en cualquier circunstancia

Los que aman tu Ley disfrutan de gran paz
y nada los hace tropezar.

Salmos 119.165

Padre celestial, te amo. Amo tu Palabra. Es una luz en mi camino. Ilumina los rincones oscuros de mi mente. Me enseña y corrige. Me reconforta y guía. Amo tu ley. Procuro obedecer tus mandatos y seguir tus caminos. Sé que cuando lo hago, mi vida se llena de paz, sean cuales sean mis circunstancias externas. No me has prometido que no tendré cáncer. No me dices que soy inmune a la pena. ¡Todo lo contrario! ¡Tú me aseguras que en este mundo tendré aflicción! Pero seguiré amándote. Seguiré leyendo y meditando en tu ley. Seguiré tus caminos y procuraré hacer tu voluntad todos los días de mi vida. Nada puede hacerme tropezar si esto es cierto. Nada. Ni la enfermedad. Ni la pena. Ni las decepciones ni las pérdidas. Ninguna circunstancia tiene el poder de robarme la alegría a menos que yo se lo permita. Elijo la alegría. Elijo a Jesús. Elijo la vida. En el nombre de Cristo, amén.

La promesa de la eternidad

Yo sé que mi Redentor vive
y que al final se levantará sobre el polvo.
Y, cuando mi piel haya sido destruida,
todavía veré a Dios con mis propios ojos.
Yo mismo lo veré con mis propios ojos;
yo lo veré, no otro.
¡Este anhelo me consume las entrañas!

Job 19.25-27

Dios, Job era un siervo fiel. Soportó muchas pruebas y tribulaciones, pero se mantuvo fiel a su fe. No sé cómo lo hizo, pero te pido una fe como la de Job. Te pido que en cualquier circunstancia yo permanezca fiel a Ti. Por muy mal que se ponga todo, tengo la esperanza del cielo. Tengo la esperanza de la vida más allá de este mundo. Este es un mundo caído. Desde que Adán y Eva pecaron en el jardín y la muerte entró en escena, ha habido sufrimiento. Ha habido enfermedades, pérdidas y dolor. Me venga lo que me venga, estaré bien. Tengo un Redentor que vive. Tengo la promesa de que Jesús regresará y reunirá consigo a los suyos. Tengo la promesa de la eternidad. Así que si la enfermedad me roba la salud o el bienestar mental o la fuerza, me aferraré a mi fe. Sé que Jesús vive y que pasaré la eternidad con Él. En su nombre, amén.

Centrarse en Jesús

Al de carácter firme
lo guardarás en perfecta paz,
porque en ti confía.
Isaías 26.3

Dios de paz, ven a mí aquí. Estoy cansada de mi viaje, y no veo alivio a la vista. Esta situación me ha agotado. Estoy cansada, pero no derrotada. En Ti hallo descanso. Me consuela saber que Tú eres Dios. Como un niño pequeño nunca pierde de vista a sus padres mientras juega cerca en el parque, así yo fijaré mis ojos en Ti. Sé que Tú eres mío y que yo soy tuya. Te pertenezco a Ti. Tú guías mis pasos. Tú me conoces, y deseas que yo te conozca. Leeré tu Palabra y me encontraré contigo en oración. No seré yo quien hable, porque Tú has diseñado la oración como una conversación en dos direcciones. Estaré quieta y sabré que Tú eres Dios. Te escucharé en esos momentos. Me centraré en tus caminos. Sé que hay una gran paz para aquellos que mantienen firmes sus corazones. Deseo esa paz. En el nombre de Jesús, amén.

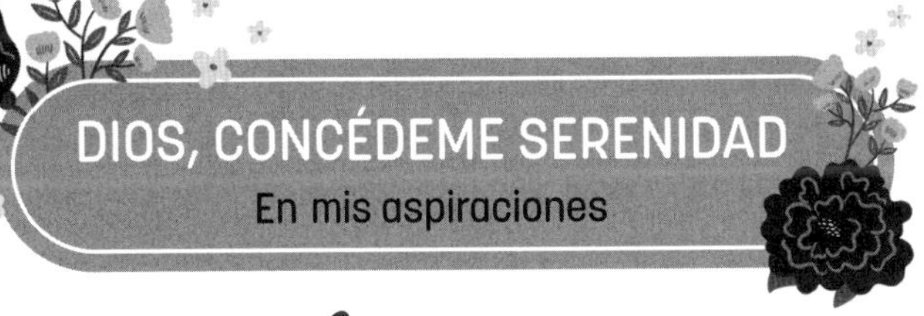

DIOS, CONCÉDEME SERENIDAD

En mis aspiraciones

Como un río

La mente del rey, en manos del Señor,
sigue, como los ríos, el curso que el Señor quiere.

PROVERBIOS 21.1 DHH

Dios, realmente no tengo ni idea de a dónde voy. El futuro se me presenta incierto. Me consuela saber que Tú tienes el control. Quiero ser un canal de agua controlado por Ti. Dirige su curso. Guíame a donde Tú quieras que vaya. Úsame como usas un río, Señor. Úsame para alimentar y fortalecer a otros. Úsame para ayudarles a pasar de un lugar a otro. Úsame para proveer refrigerio a sus almas. Dios, dirige ese canal por donde debe ir. Utiliza mis puntos fuertes y débiles e incluso mis sueños de la forma en que mejor puedan glorificarte. Quiero ser una líder que te agrade, que esté a tu disposición para hacer tu voluntad todos los días de mi vida. Gracias, Padre celestial, porque no necesito tener todo el futuro planeado. Es bueno ser flexible y ser arcilla en manos del Alfarero. Estoy dispuesta a que me uses como Tú decidas que es mejor. Te encomiendo mi futuro. No me aferro a ninguna aspiración mía, porque los sueños que Tú tienes para mí son mucho más grandes de lo que la mente humana puede concebir. En el nombre de Jesús, amén.

Pon tus obras en manos de Dios

Encomienda al Señor tus obras
y se realizarán tus planes.
PROVERBIOS 16.3 BLPH

Dios, pongo en tus manos mis obras. Tengo muchos objetivos, pero sé que ninguno de ellos puedo alcanzarlos con mis fuerzas. Si Tú no estás en mis planes, estos no tienen sentido. Te pido que tomes mis sueños y las metas que he diseñado y los cambies para que se ajusten a tu voluntad. Establece Tú mis planes, Padre. Bendice mi duro trabajo. Quiero hallar gracia en Ti. ¿Me ayudarás a hallar favor ante mis superiores? En mi trabajo, Señor, hay muchos peldaños que ascender. Hay muchas formas de llegar a la cima. No deseo el camino fácil. No tomaré atajos que me obliguen a obrar sin ética. Creo que despacio y con constancia se gana la carrera. Creo que hacer las cosas de la manera correcta siempre merece la pena. Creo que si pongo en tus manos mis aspiraciones, Tú las bendecirás. En el nombre de Jesús, te pido que bendigas mi trabajo y me ayudes a alcanzar mis metas si es tu voluntad, amén.

Bendecida y de bendición

El Señor dijo a Abrán:
—Deja tu tierra natal y la casa de tu padre, y dirígete a la tierra que yo te mostraré. Te convertiré en una gran nación, te bendeciré y haré famoso tu nombre, y servirás de bendición para otros. Bendeciré a los que te bendigan y maldeciré a los que te maldigan. ¡En ti serán benditas todas las familias de la tierra!

GÉNESIS 12.1-3 BLPH

Dios de Abraham, Isaac y Jacob... Dios de mis antepasados... Dios que está conmigo, que me hizo, que me ve, que desea bendecirme. Me presento ante Ti. Te pido que me bendigas y me ayudes a ser una bendición para otros. Si me permites subir la escalera del éxito, haz que siempre busque a alguien a quien llevar conmigo. Que mis ojos estén siempre fijos en Ti. Que pueda usar cualquier posición de autoridad para traer gloria a tu nombre. Que mis superiores vean a Jesús en mí. Que yo marque la diferencia. Que los que están bajo mi autoridad vean a Jesús en mí. Que lo perciban en mi manera de liderar. Que destaque como una líder servidora, una que nunca está demasiado arriba como para asumir una tarea de servicio. Que me parezca a Jesús en mi lugar de trabajo. Te ruego que, si me elevas, recuerde siempre a Aquel que me llevó hasta allí. Solo Tú mereces todo el honor, la gloria y la alabanza. En el nombre de Jesús, amén.

Dios lo puede todo

A Dios que, desplegando su poder sobre nosotros, es capaz de realizar todas las cosas incomparablemente mejor de cuanto pensamos o pedimos...

EFESIOS 3.20 BLPH

Dios, Tú tienes grandes planes para mí. Son más grandes que mis sueños más atrevidos o mis aspiraciones más elevadas. Por favor, ayúdame a seguir trabajando duro y a fijarme metas. Dame motivación para triunfar y crecer. Tengo muchos sueños para mi vida que espero ver hechos realidad. Pero recuérdame que no soy «yo y nadie más que yo» quien hace realidad mis sueños. Todo es gracias a Ti. Tú sabes qué planes tienes para mí, planes que me brindan esperanza y un futuro. No tienes planes que me dañen. Así que si algunos de mis sueños no se hacen realidad, ayúdame a buscar el lado bueno de las cosas. Ayúdame a buscar tu propósito incluso en los momentos en que dices *no* en lugar de *sí*. Como cualquier buen padre, Tú no permitirás que tenga algo que sabes que puede no ser lo mejor para mí. En el nombre de Jesús, amén.

Dios dirige mis pasos

El corazón del hombre traza su rumbo,
pero sus pasos los dirige el Señor.

Proverbios 16.9

Padre celestial, he hecho planes. Me he marcado unos objetivos. Sé en qué dirección me veo en mi vida familiar y en mi carrera. Reconozco mis dones y habilidades, y tengo ideas sobre cómo utilizarlos mejor para tu gloria. Pero, dicho esto, quiero someterme a tu voluntad. Al igual que un estudiante presenta un borrador a su profesor de redacción y sabe que debe estar abierto a las revisiones de su instructor, así yo te presento mis planes a Ti. Márcalos con un bolígrafo rojo, Padre. Cambia el tema. Altera el orden. Cambia totalmente la dirección. Tú eres el Planificador jefe. Tú eres el que establece mis pasos independientemente de los sueños que pueda tener. Gracias, Dios, porque puedo confiar en Ti. Nunca me llevarás por un camino que no sea el mejor para mí. Tú conoces los planes que tienes para mí, y son para mi bien. Me da mucha serenidad saber que Tú, mi Dios, tienes el control. En el nombre de Jesús, amén.

Haz crecer mi fe

Y estoy seguro de que Dios, que ha comenzado en ustedes una labor tan excelente, la llevará a feliz término en espera del día de Cristo Jesús.

Filipenses 1.6 BLPH

Padre celestial, Tú me has llevado tan lejos. Me has salvado de mis pecados. Has escrito mi nombre en el libro de la vida del Cordero. Me has hecho crecer en mi fe. Me has brindado muchas oportunidades maravillosas. Yo me he fijado algunas metas. Quiero saber si son las correctas. Quiero seguir creciendo en mi fe y madurando. Quiero complacerte en todo lo que hago. Si mis aspiraciones no están en sintonía con tu buena voluntad para mí, por favor, cambia mis sueños. Por favor, pon en mi corazón las metas y deseos que Tú quieres que tenga. Haz que me abra a lo que Tú has planeado para mí. Sé que la forma en que Tú deseas que madure en mi fe es mucho más importante que el camino profesional que yo siga. Úsame, Dios. Cambia mis sueños como mejor te parezca. Te lo pido en el nombre de Jesús, amén.

Si el Señor quiere

En cuanto a ustedes, los que dicen: «Hoy o mañana iremos a tal ciudad y pasaremos allí el año negociando y enriqueciéndonos», ¿saben, acaso, qué les sucederá mañana? Pues la vida es como una nube de vapor, que aparece un instante y al punto se disipa. Harían mejor en decir: «Si el Señor quiere, viviremos y haremos esto o aquello». Pero no; ustedes alardean con fanfarronería, sin pensar que semejante actitud es siempre reprochable. Porque quien sabe hacer el bien y no lo hace, comete pecado.

SANTIAGO 4.13-17 BLPH

Padre celestial, no sé lo que me deparará el mañana. No puedo ver el futuro. Pero eso no me asusta, porque conozco a Aquel que tiene el mañana en sus manos. ¿Quién soy yo para hacer planes? Tú eres Dios. Mi vida surgió del polvo. Fui creada a tu imagen, pero estoy infinitamente por debajo de Ti. Yo solo veo este momento y ni un segundo más allá. Tú ves toda la eternidad. Tú eres el Alfa y la Omega. El principio y el fin. Tú eras antes de todas las cosas, Tú estás en todas las cosas y Tú sostienes todas las cosas. Tú nunca cambias. Te pido que me recuerdes que todos mis planes deben pasar por el filtro de tus dedos de amor. Solo deseo tu voluntad, Padre. Si mis sueños están fuera de ella, te ruego que me lo reveles. Te lo pido en el nombre de Jesús, amén.

Orar por la voluntad de Dios

Venga tu reino.
Hágase tu voluntad en la tierra
lo mismo que se hace en el cielo.
Mateo 6.10 BLPH

Señor, santo es tu nombre, y grandiosos son tus caminos. Vengo ante Ti y oro como Jesús enseñó. Te pido que vengas pronto. Este mundo no es mi hogar. Pero mientras tanto, ¿querrás usarme aquí? Quiero estar en el centro de tu voluntad. Quiero ser tu sierva buena y fiel. Quiero que tus sueños sean mis sueños. Lo que te entristece debería entristecerme a mí. Quiero cumplir tu voluntad en esta tierra, no importa lo que eso implique. Revélame las necesidades del mundo. Muéstrame cómo mi vida puede marcar la diferencia aquí. Te amo, Padre, y te doy muchas gracias por poder ser una pequeña parte de lo que Tú quieres hacer en este mundo. En el nombre de Jesús, te pido que se haga tu voluntad en mi vida, amén.

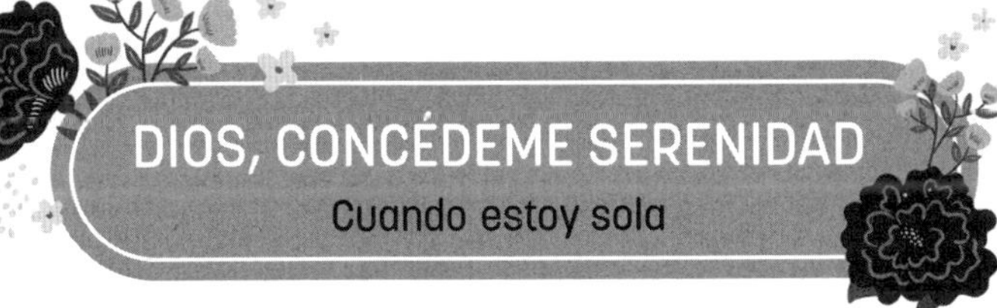

Familia y amigos

Dios ubica a los solitarios en familias; pone en libertad a los prisioneros y los llena de alegría. Pero a los rebeldes los hace vivir en una tierra abrasada por el sol.

SALMOS 68.6 NTV

Dios, a veces me siento sola. Gracias por los miembros de mi familia, que siempre me levantan el ánimo. Gracias también por los amigos que con los años se han convertido en familia. Este mundo puede ser un sitio cruel. Tengo que cumplir con tantas exigencias que a veces me siento estresada. Pero cuando entro en un tiempo de comunión con mi familia y mis amigos, todo eso parece desaparecer. Tú ubicas a las personas solitarias en familias. Gracias por la serenidad que encuentro cuando estoy rodeada de mis seres queridos. Ayúdame a ser consciente de qué personas de mi círculo no tienen amigos ni familia. Especialmente en las fiestas, Señor, ayúdame a ser consciente de los que pueden sufrir soledad. ¡Que siempre haya sitio en mi casa para que se nos una uno más! Te lo pido en el nombre de Jesús, amén.

Serenidad en soledad

Él, por su parte, solía retirarse a lugares solitarios para orar.

LUCAS 5.16

Cuando me siento sola, Señor, te miro a Ti. Encuentro momentos a solas para adorar y orar. Jesús se apartaba de las multitudes que le seguían. Buscaba lugares «solitarios». Procuraba esos lugares. Enséñame a hacer lo mismo. Aunque es divertido estar rodeado de amigos, familiares y compañeros, también necesito tiempo para estar sola. Todos lo necesitamos. Es el momento de recargar las pilas y renovarse. Necesito ese tiempo de pausa. Con todas las presiones de la vida diaria y todos los roles que compagino como mujer, esto es muy importante. Tanto si se trata de unos momentos para mí antes de que todos en casa se despierten como de unos momentos previos a acostarme, te ruego que cada día encuentre tiempo para un tiempo devocional contigo. Esto es importante para mi espíritu y para mi crecimiento como creyente. Concédeme tiempo para la reflexión y para acercarme a Ti. Muéstrame que es importante que tenga momentos a solas y lea tu Palabra. En los momentos a solas se encuentra la serenidad. En el nombre de Jesús, amén.

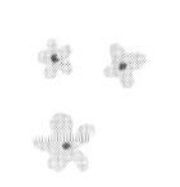

El cristiano nunca está solo

Vuelve a mí tu rostro y tenme compasión,
pues me encuentro solo y afligido.

Salmos 25.16

Padre Dios, me siento sola. Necesito tu consuelo y tu compañía. Me encanta saber que, por ser tu hija, nunca tendré que estar realmente sola. Sería aterrador vivir esta vida completamente sola. En cambio, te tengo a Ti cerca, siempre. Estás a mi lado. Libras una batalla espiritual por mi alma en reinos invisibles. Evitas que caiga en las trampas del diablo. Me sostienes con tu diestra de justicia. Tendré un amigo todos los días de mi vida. Mi Redentor no está en la tumba. Está muy vivo. Pienso en los que adoran ídolos. Qué triste debe de ser orar a una estatua en lugar de a un ser vivo, a un ser divino que bajó a este mundo para hacerse hombre y habitar entre su pueblo. Tú eres el único Dios verdadero, y estoy muy agradecida por no tener que estar nunca sola. En el nombre de Jesús, amén.

El Señor me protege

En paz me acuesto y me duermo,
porque solo tú, Señor, me haces vivir confiado.

Salmos 4.8

Solo Tú, Señor, eres mi seguridad. Tú eres la porción que me ha tocado. Tú eres mi Dios. Puedo hallar paz aun estando sola, porque Tú siempre estás conmigo. Hay serenidad en ser una creyente en Cristo. El mundo no conoce esa serenidad. Es una paz desconocida para el incrédulo. Tú me guardas mientras duermo. Tú pones a tus ángeles para que me guarden a lo largo de mis días. No tengo nada que temer. Nada toca mi vida sin haber sido antes filtrado por tus dedos. Haces que viva segura. Cuidas de mí. Igual que un personaje famoso o un dirigente de un país camina siempre con un guardaespaldas a su lado, yo camino con mi Dios. Nunca estás lejos. Ni te duermes ni te adormeces. Caminaré todos los días de mi vida seguida por la bondad y la misericordia, porque pertenezco al Buen Pastor, al gran Yo Soy, al Dios soberano del universo. Nunca estoy realmente sola porque Tú estás conmigo. Esto me da mucha paz. En el nombre de Jesús, amén.

Elegir bien a los amigos

Hay amigos que llevan a la ruina
y hay amigos más fieles que un hermano.
Proverbios 18.24

Señor, no necesito muchos amigos o amigas. Necesito unos pocos que se queden cerca y me quieran bien. Miro tu ejemplo en esto. Cuando estabas en este mundo, ibas con los Doce. Eran tus discípulos. Te seguían. Los elegiste cuidadosamente entre la multitud. Los llamaste de sus familias y trabajos, y te siguieron con total entrega. Sabían que eras especial. No lo cuestionaron. Te eran leales, Jesús. A veces miro a mi alrededor y desearía tener muchos amigos. Veo personas que parecen ser muy populares. Sin embargo, ser popular no suele ser el camino del cristiano. Puedo evitar sentirme sola si encuentro aunque sea una amiga más cercana que una hermana. Gracias por amistades así. Gracias por bendecirme con unos pocos así como Tú tuviste unos pocos. Puedo amar al mundo y estar en él, pero no ser de él. No tengo que ser el centro de atención ni estar rodeada de gente en todo momento para sentirme bien conmigo misma. Mi seguridad no se encuentra en las cifras. Mi seguridad solo está en Ti. Gracias por esa amiga íntima que me ama como es debido. Ayúdame a tener siempre una amiga así. Te lo pido en el nombre de Jesús, amén.

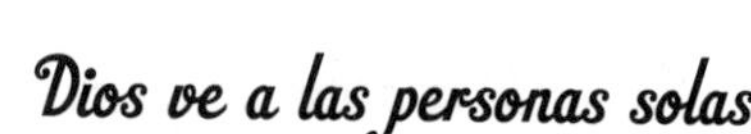

Dios ve a las personas solas

Padre de huérfanos y defensor de viudas
es Dios en su morada santa.
Dios da un hogar a los desamparados
y dicha a los cautivos que libera;
pero los rebeldes habitarán en el desierto.

Salmos 68.5-6

Padre celestial, Tú tienes muy presentes nuestras necesidades. Tú no te sientas en tu trono en el cielo y te olvidas de tus hijos. Tus ojos recorren toda la tierra. Ves a la viuda que ha perdido a su marido. Consuélala en su momento de dolor. Palías su soledad. Suples sus necesidades. Dios, Tú ves al huérfano. Tú le consuelas. Eres padre para los que no lo tienen. Defiendes sus causas. Luchas por los que necesitan que alguien luche por ellos. Tú eres soberano y santo, y sin embargo eres un Dios que desciende hasta ser el más humilde de los humildes. Tu propio Hijo nació en un establo, teniendo por cama un pesebre. No había sitio para Él en el mesón. El mundo lo despreció y lo rechazó. No lo reconocieron. Pero Tú lo viste. No lo abandonaste. Cuando llegó el momento, lo ensalzaste. Volvió al cielo y está sentado a tu diestra. Tú eres padre para los huérfanos, defensor para las viudas. Nos ves en nuestra soledad. Hazme compañía ahora, te lo ruego. Consuélame. Proporcióname relaciones que llenen mi corazón solitario. A menudo me siento sola, a veces incluso entre la multitud. Por favor, trae serenidad a mi soledad, te lo ruego. En el nombre de Jesús, amén.

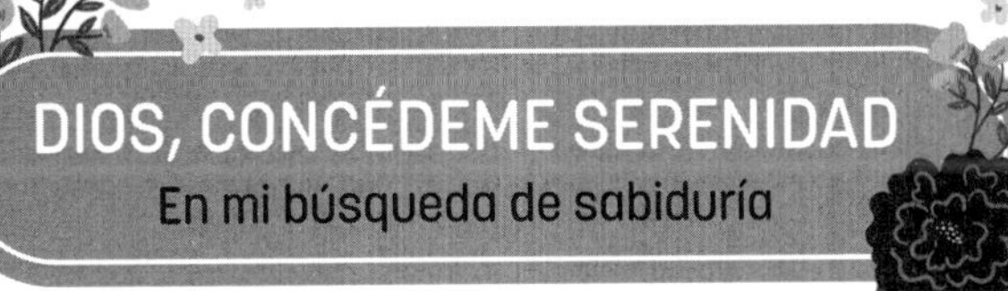

Paz en la sabiduría

Feliz quien encuentra sabiduría, la persona que adquiere inteligencia: es de más valor que la plata, y más rentable que el oro; es más valiosa que las joyas, ningún placer se le puede comparar. Con su derecha ofrece larga vida, con su izquierda, fama y riqueza. Sus caminos son una delicia, apacibles todas sus sendas.

PROVERBIOS 3.13-17 BLPH

Te pido que me bendigas con ella. Sé que es mejor hallar la sabiduría que poseer grandes riquezas. Es más preciosa que la más refinada de las joyas. Nada de lo que deseo es comparable con mi deseo de sabiduría. Creo que, por encima de todo, anhelo paz en mi vida. He aprendido que a veces hay paz incluso cuando no soy feliz. Paz y felicidad no siempre van de la mano. Cuando tomo una decisión basándome en tus estatutos y caminos, me siento en paz. Puedo recostar la cabeza en la almohada por la noche sabiendo que he decidido bien. Te he honrado. Aunque mi decisión no fuera popular a los ojos del mundo, aunque me malinterpreten, tengo paz. Gracias por la paz que hallo en la sabiduría. Gracias por bendecirme con sabiduría cuando te la pido de todo corazón. En el nombre de Jesús, amén.

Sabiduría de lo alto

En cambio, la sabiduría que viene de lo alto es ante todo pura, pero también pacífica, indulgente, conciliadora, compasiva, fecunda, imparcial y sincera.

SANTIAGO 3.17 BLPH

Tu sabiduría es la verdadera sabiduría, Dios. En este mundo hay tanta gente corriendo. Creen haber encontrado las claves del éxito. Prometen ese mismo éxito a otros. Si compras este producto... Si tomas esta clase... Si te integras en este programa... Pero son cosas vacías. No son el camino rápido a alguna parte. Tu sabiduría resplandece. Destaca. Es diferente. Es pura. No hay rastro del mundo en la sabiduría que viene del cielo. Es amable y abierta a la razón. No es impulsiva ni orgullosa. La sabiduría está llena de misericordia y de buenos frutos. No todo gira en torno al yo. No es ningún plan para hacerse rica rápidamente ni ningún producto de belleza. Es imparcial y sincera. En la verdadera sabiduría no hay nada falso ni engañoso. Dame discernimiento, Padre, en mi búsqueda de la sabiduría. Ayúdame a encontrar la paz que viene con la sabiduría de lo alto. En el nombre de Jesús, te pido sabiduría, amén.

Destacar como sabia

¿Quién es como el sabio?
¿Quién sabe interpretar cualquier cosa?
La sabiduría ilumina el rostro humano
y transforma la dureza del semblante.

ECLESIASTÉS 8.1 BLPH

Dios, quiero destacar como una mujer llena de tu sabiduría. Hay personas que han caminado contigo durante mucho tiempo. Las veo en mi iglesia y en mi comunidad, y las reconozco como tus santos. Lo veo en sus ojos. No se apresuran a hacer juicios precipitados. Son personas pacíficas, siempre dispuestas a escuchar. A menudo escuchan más de lo que hablan, pero cuando dan algún consejo, siempre es un consejo piadoso. Son tardos para hablar, pero sus palabras tienen un gran peso para quienes las escuchan. Señor, quiero crecer en sabiduría. Por favor, dame sabiduría de lo alto. Dame perspicacia. Muéstrame tus puntos de vista. Permíteme ver a las personas y los hechos que me rodean con tu lente y no con la mía, que es muy limitada. En el nombre de Jesús, te pido sabiduría, amén.

Evitar la insensatez

El sabio teme un mal y lo evita,
el necio se mete en él confiado.

Proverbios 14.16 BLPH

Padre celestial, hazme sabia. Dame un espíritu precavido que se percate del mal. Ayúdame a evitar las trampas en las que Satanás quiere que caiga. Ayúdame a ser prudente y a tener buen juicio. Está en juego algo más que mi propia vida y bienestar. La generación siguiente me observa cada día. Oyen las palabras que brotan de mis labios. Toman nota de mis reacciones ante los hechos de la vida cotidiana. Seguirán mis pasos dondequiera que los lleve. Mis hijos se parecerán mucho a mí algún día. Por favor, no dejes que sea imprudente y descuidada. Vigila mi lengua para que no peque al enojarme. Haz que mis palabras te sean siempre agradables. Que mis conversaciones sean honrosas y mi elección de palabras sea pura. Padre, pon siempre ante mí un vistazo del futuro. Por favor, bendíceme con la serenidad que hay en las decisiones sabias. Pido estas cosas en el nombre del más sabio, Jesús, amén.

Solo Cristo

Estén alerta, no sea que alguien los engañe con especulaciones filosóficas o estériles disquisiciones que se apoyan en tradiciones humanas o en potencias cósmicas, en lugar de en Cristo.

COLOSENSES 2.8 BLPH

Dios, por favor, ayúdame a ser fuerte. Hay tantas voces llamándome, ofreciéndome su sabiduría. Hay otras religiones que parecen similares al cristianismo; ayúdame a ver las diferencias. Ayúdame a ver la vanidad de las promesas de otros dioses. Algunos adoran ídolos, estatuas hechas por manos humanas. ¿Qué podría ofrecerme una estatua que mi Dios no me haya dado ya como bendición? No hay vida en lo inerte. Muchas personas viven según lo que les han enseñado sus padres, esté bien o mal. Siguen las tradiciones. Cumplen con las ceremonias y actúan como si eso importara, cuando a fin de cuentas no han cambiado nada por dentro. Es todo exterior. Solo un espectáculo. Solo un ritual repetido una y otra vez. No hay sabiduría en tales actividades. Padre, haz que yo siempre siga a Cristo y solo a Cristo. Que nadie me cautive con filosofías o engaños vacíos. No quiero enredarme en tradiciones humanas ni en ningún movimiento de la Nueva Era. Te buscaré a Ti y solo a Ti. Por favor, bendice mi vida con sabiduría y con la serena seguridad que solo se encuentra al seguir decididamente a Cristo. En el nombre de Jesús, amén.

No presumas de sabiduría

El Señor dice:
«Que no se enorgullezca el sabio de ser sabio,
ni el poderoso de su poder,
ni el rico de su riqueza.
Si alguien se quiere enorgullecer,
que se enorgullezca de conocerme,
de saber que yo soy el Señor,
que actúo en la tierra con amor, justicia y rectitud,
pues eso es lo que a mí me agrada.
Yo, el Señor, lo afirmo».

JEREMÍAS 9.23-24 DHH

Señor, gracias porque puedo conocerte. Aunque no te conozco del todo, procuro conocerte más cada día. Estudio tus Escrituras. Tengo comunión con tu pueblo. Escucho a mi pastor y a otros líderes de la iglesia. Busco la sabiduría, y reconozco que solo se encuentra en Ti. Padre, no dejes que me jacte de la sabiduría que adquiera, pues todo es un don tuyo. Viene directamente de tu mano. Quiero gloriarme solo en Ti. Tú eres bueno. Eres leal y obras con amor. Haces lo correcto. Pones las cosas en su sitio. Un día toda rodilla se doblará y toda lengua confesará que Tú eres el Señor. Hasta entonces, permíteme deleitarme con los pedacitos de sabiduría que en tu bondad me concedes. Que cada día busque parecerme un poco más a Ti. El camino de la sabiduría trae consigo refrigerio para el alma. En el nombre de Jesús, amén.

Caminar con los sabios

El que con sabios anda, sabio se vuelve;
el que con necios se junta, saldrá mal parado.
Al pecador lo persigue el mal
y al justo lo recompensa el bien.
El hombre de bien deja herencia a sus nietos;
las riquezas del pecador se quedan para los justos.

Proverbios 13.20-22

Dios, gracias por los amigos sabios. Gracias por mis familiares que buscan la sabiduría y caminan cerca de Ti. Gracias por los líderes cristianos de mi entorno. Me guían bien por el camino de la sabiduría. Padre, sé que podría dejarme arrastrar fácilmente por amistades y conocidos que me llevarían por caminos equivocados. He probado la sabiduría del mundo y no quiero volver a saber nada de ella. Por favor, dame compañía sabia y piadosa con la que vivir esta vida. Hay algo que se puede destacar de una comunidad de creyentes con miembros mayores que pueden guiar a los más jóvenes. Miro a estos santos de cabeza gris. Han adquirido sabiduría en sus muchos años de caminar contigo. Por favor, permíteme caminar con los sabios para que yo también pueda llegar a ser sabia. Proporcióname consejo piadoso en los momentos en que lo necesito. Gracias por la paz que viene al caminar con quienes caminan contigo. En el nombre de Jesús, amén.

El temor del Señor es el comienzo de la sabiduría

Instruye al sabio, y se hará más sabio;
enseña al justo, y aumentará su saber.
El comienzo de la sabiduría es el temor del SEÑOR;
conocer al Santo es tener entendimiento.
Por mí aumentarán tus días;
años de vida te serán añadidos.
Si eres sabio, tu premio será tu sabiduría;
si eres insolente, solo tú lo sufrirás.

PROVERBIOS 9.9-12

Señor, tengo un sano temor de Ti. No es un temor de temblar en tu presencia o de esconderme cuando te acercas. Tú eres un Dios de amor, y yo soy tu hija amada. Pero igualmente tengo temor de Ti. Es una forma de respeto. Es reverencia. Tú no eres como un amigo ante el que puedo presentarme con bromas o en tono jocoso. No te trato como a un hermano o una hermana. Tú eres mi Padre celestial. Me presento ante Ti con respeto. El comienzo de la sabiduría es el temor del Señor. Por favor, Dios, bendíceme con sabiduría. Anhelo conocerte mejor. Creo que me queda mucho por aprender. Dame entendimiento cuando leo tu Palabra. Ayúdame a leer, no como quien lleva anteojeras espirituales, sino como una persona iluminada por mi Dios. En el nombre de Jesús te lo pido, amén.

ÍNDICE DE CITAS BÍBLICAS